ENCYCLOPÉDIE

ÉLECTROTECHNIQUE

PAR

UN COMITÉ D'INGÉNIEURS SPÉCIALISTES

F. LOPPÉ, INGÉNIEUR DES ARTS ET

SECRÉTAIRE

EXPLOITATION

D'UNE USINE CENTRALE

PAR **M. GEORGES DUEZ**

LICENCIÉ ÈS-SCIENCES MATHÉMATIQUES ET PHYSIQUES

ANCIEN INGÉNIEUR-CHEF D'EXPLOITATION DES TRAMWAYS-ÉLECTRIQUES

DE ROUBAIX-TOURCOING

PARIS

LIBRAIRIE DES SCIENCES ET DE L'INDUSTRIE

L. GEISLER, IMPRIMEUR-ÉDITEUR

1, Rue de Médicis, 1

1911

40ᵉ Fascicule.

EXPLOITATION D'UNE USINE CENTRALE

Fasc. 40

Papier et Impression L. GEISLER

AUX CHATELLES

PAR RAON-L'ÉTAPE (VOSGES)

ENCYCLOPÉDIE
ÉLECTROTECHNIQUE

PAR

UN COMITÉ D'INGÉNIEURS SPÉCIALISTES

F. LOPPÉ, Ingénieur des arts et manufactures

SECRÉTAIRE

EXPLOITATION
D'UNE USINE CENTRALE

PAR **M. GEORGES DUEZ**

LICENCIÉ ÈS-SCIENCES MATHÉMATIQUES ET PHYSIQUES
ANCIEN INGÉNIEUR-CHEF D'EXPLOITATION DES TRAMWAYS ÉLECTRIQUES
DE ROUBAIX-TOURCOING

PARIS

LIBRAIRIE DES SCIENCES ET DE L'INDUSTRIE

L. GEISLER, Imprimeur-Éditeur

1, Rue Médicis, 1

1911

EXPLOITATION D'UNE USINE CENTRALE

INTRODUCTION

L'exploitation d'une usine centrale électrique, consistant à transformer l'énergie contenue dans la nature en énergie électrique pour la vendre sous forme de lumière, de force, au bénéfice d'une société financière, tout en respectant l'intérêt du consommateur ainsi que les lois, règlements et conventions avec les pouvoirs publics, notre rôle consiste à indiquer au lecteur comment on peut arriver à ce résultat en décrivant l'organisation, le matériel et les manœuvres nécessaires, le rôle du personnel et sa composition, renvoyant aux autres fascicules de cette encyclopédie pour les parties déjà décrites.

Nous pensons que ce fascicule présentera pour le technicien quelque intérêt au point de vue technique et permettra en outre au capitaliste soucieux de placer ses capitaux, d'avoir quelques renseignements utiles, grâce aux notions que nous avons pu acquérir dans la pratique, ainsi qu'aux documents qu'ont bien voulu nous fournir les usines Œrlikon Brown et Boveri.

Nous avons puisé aussi plusieurs renseignements intéressants dans le *Génie civil*, la *Lumière électrique*, le *Cours de l'École des travaux publics* professé par M. Beck, l'*Industrie électrique* et plusieurs revues étrangères, auxquelles nous renvoyons nos lecteurs pour supplément d'information.

Nous diviserons notre étude, suivant les différents services, en les classant d'après leur ordre hiérarchique.

Service du Siège administratif

Conseil d'administration comportant en général 7 à 8 membres dont un ou deux sont administrateurs délégués et placés à la tête de tous les services.

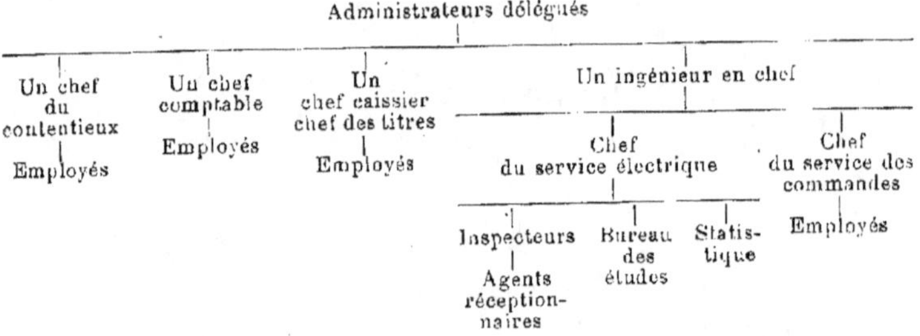

Le conseil d'administration est nommé par vote à la réunion des actionnaires (assemblée générale).

Il se réunit généralement tous les mois au siège administratif pour entendre l'administrateur délégué qui lui rend compte des faits importants et prendre des déterminations qu'il charge l'administrateur délégué de mettre à exécution.

NOTA. — Ce tableau correspond à l'organisation qui paraît la plus rationnelle au point de vue du contrôle, c'est celle adoptée dans la plupart des sociétés, mais il existe d'autres organisations.

CHAPITRE PREMIER

Service du siège administratif

Ce service tient son siège au siège social et administratif, soit dans les locaux de l'usine centrale même, soit en dehors et même souvent dans une autre ville, surtout lorsque la société a plusieurs usines à exploiter. Ce service ayant toute la direction générale et administrative de l'affaire, est non seulement un service d'exploitation, mais encore un service nécessaire à la création de l'affaire ou à son premier établissement.

Toutes les études, les commandes pour travaux neufs augmentant l'actif du premier établissement, sont faites au siège administratif par ses services techniques propres, qui élaborent les cahiers des charges.

Les services techniques des exploitations ne peuvent intervenir dans ce dernier cas qu'à titre consultatif.

N'ayant ici qu'à parler de ce service au point de vue de son rôle dans l'exploitation, nous renvoyons aux fascicules 37, 36, 25, en ce qui concerne les travaux neufs.

Nous donnons ci-contre *un tableau* du personnel du siège administratif.

Nous voyons figurer en tête des services l'administrateur-délégué.

Administrateur-délégué. — C'est en effet lui qui est responsable de toutes les mesures, de toutes les décisions importantes et nouvelles prises en dehors des règlements, des ordres de service approuvés d'ailleurs par lui, et en dehors de celles prises par le conseil d'administration. Il est responsable aussi de l'exécution des décisions prises par le conseil, il a d'ailleurs sous ses ordres directs, non seulement le personnel du siège administratif, mais aussi celui des usines centrales (voir personnel des usines centrales). Toutes les correspondances, les instructions aux exploitations doivent être signées par lui, aucun paiement ne peut être fait sans son assentiment. Toutes les commandes doivent être approuvées par lui, aucune écriture ne peut être passée sans être vue par lui, les renvois, les admissions de personnel, doivent aussi lui être soumis. Les cas d'urgence font seul exception, mais encore faut-il les légitimer ensuite.

L'*ingénieur en chef* commente avec l'administrateur-délégué, les rapports des directeurs des exploitations, ainsi que ceux des inspecteurs, et lui donne son avis au sujet des mesures qu'il y aurait lieu de prendre au point de vue technique. Pour les rapports des directeurs d'exploitation, nous verrons plus loin en quoi ils consistent ; quant à ceux des inspecteurs, après tournées dans les usines, ils sont relatifs à la tenue, à la conduite des services des usines d'exploitation, aux améliorations à apporter, aux causes d'avarie du matériel et de son mauvais fonctionnement ; il y a aussi les rapports des agents réceptionnaires, qui ont pour but de constater chez le fournisseur ou à l'usine après la mise en place : 1° par une réception provisoire ; 2° par une réception définitive au bout du délai de garantie, qui est souvent d'un an si le matériel est conforme à la commande.

Quoique ce service soit plutôt un service de premier établissement, nous croyons utile de dire un mot sur les réceptions de matériel, attendu que pendant la durée de garantie, le service d'exploitation peut avoir à faire des relevés à ce sujet ; souvent même, il est chargé entièrement de la réception, surtout s'il s'agit d'une machine avariée ou de toute autre partie déjà existante à remplacer.

Nous donnons quelques chiffres :

Chaudières. — A l'usine de St-Denis les essais de réception ont donné 9 kilogrammes d'eau par kilogramme de charbon brut humide. (Charbon à puissance calorifique de 7 500 calories) avec économiseur.

Moteurs à vapeur et génératrices. — A la même usine les turbo-alternateurs doivent consommer au maximum $6^{kg},8$ de vapeur par kilo-watt-heure, au régime normal de 5 000 kilowatts et $8^{kg},25$ au régime de 2 500 kilowatts. (Turbine à vapeur Brown-Boveri-Parsons).

Garanties diverses. — Au point de vue électrique (alternateurs), nous rappelons que les essais doivent être conformes aux caractéristiques indiquant les volts en fonctions des ampères d'excitation à vide et sous différentes charges; pour des valeurs de cos φ correspondantes à 10 000 volts, certains cahiers des charges indiquent une chute de tension de 6 °/₀ pour cos $\varphi = 1$, et de 16 °/₀ pour cos $\varphi = 0,75$; il en est de même pour les courbes de rendement en fonction des kilowatts fournis.

On admet comme condition d'échauffement en général 40° à 45° au-dessus de la température ambiante après une marche de 24 heures à pleine charge.

Moteur à vapeur. — On doit aussi avoir les courbes de consommation de vapeur, en fonction des chevaux indiqués, pour la machine à vapeur, pour les turbo-alternateurs en fonction des kilowatts.

Transformateurs. — Courbes de rendement et d'échauffement en fonction de la charge.

Nous renvoyons aux autres fascicules pour plus amples détails.

Service des commandes. — Ce service examine les bons de commandes envoyés par les directeurs (voir magasin, usine centrale, page 40) discute les prix, les garanties, choisit le fournisseur et passe commande après avoir fait approuver le bon par l'administrateur-délégué, il vérifie si le magasinier indique bien sur les factures pour chaque exploitation, que les marchandises ont été reçues, puis les présente à l'administrateur qui met : vu, bon à payer.

Dans beaucoup d'exploitations il n'existe pas de service des commandes au siège administratif, c'est le Directeur de l'usine même qui discute les prix et choisit le fournisseur, mais en général après approbation de l'administrateur-délégué.

Chaque système a ses avantages et ses inconvénients, le siège administratif peut souvent avoir de meilleures conditions s'il a plusieurs usines à diriger que le Directeur d'une exploitation, d'autre part celui-ci est souvent mieux placé pour discuter les prix et choisir les fournisseurs, surtout s'ils sont dans la région, cela simplifie les rouages mais diminue le contrôle.

Bureau des études. — Il est composé de dessinateurs et calculateurs, il fonctionne surtout pour établir les projets de construction d'usine et du réseau de canalisation, voir à ce sujet les fascicules 34, 36, 37. Pendant la période d'exploitation il est cependant en relations constantes avec les usines pour remplacement, modification, augmentation de matériel de l'usine ou du réseau. Dans la plupart des usines, il a été fait des modifications importantes depuis plusieurs années, afin de suivre les progrès de l'industrie et aussi en raison de nouvelles conventions avec les municipalités.

Service de statistique. — Il est chargé d'établir des relevés, des tableaux, des courbes permettant d'établir des comparaisons entre les résultats d'exploitation de deux ou plusieurs années consécutives, ou de mois de la même année pour une même usine, ou encore entre les résultats de plusieurs usines.

Il y a d'ailleurs une infinité de relevés statistiques, mais ceux qui donnent les meilleurs renseignements sont : le bénéfice annuel d'exploitation par kilowatt installé, ou encore le bénéfice par kilowatt-heure produit en faisant entrer dans les dépenses l'amortissement du matériel et l'intérêt du capital.

Comme renseignement financier, ce dernier nous paraît plus intéressant que le bénéfice d'exploitation au kilowatt installé, dont le prix de premier établissement varie suivant les cas, en dehors du côté financier il est intéressant pour l'exploitation de connaître le prix de revient au kilowatt-heure chez l'abonné, ainsi que le prix de vente au kilowatt-heure avec tous les détails, qui indiquent de quoi dépendent ces deux quantités, afin de pouvoir modifier au besoin l'installation ainsi que les conditions de vente.

Nous renvoyons à la fin de ce fascicule, pour prix de vente, prix de revient, courbes statistiques d'exploitation.

BILAN AU 31 DÉCEMBRE

ACTIF			PASSIF	
Caisse et fonds disponibles . . . . . A francs.	A		Capital émis { Actions	A'
Frais de premier établissement :			Obligations . . .	B'
Station centrale. . . . . B francs moins amortissement *b* .	B — *b*		Réserve légale	C'
Sous-stations . . . . C francs — *c* .	C — *c*		Créditeurs divers	D'
Ligne primaire . . . . D francs — *d* .	D — *d*		Solde créditeur du compte de pro-	
Ligne secondaire. . . . . E francs . . . . . . *e* .	E — *e*		fits et pertes	E'
Travaux hydrauliques. . . . . . . F francs . . . . . . *f* .	F — *f*			
Outillage et mobilier . . . . . . G francs . . . . . . *g* .	G — *g*			
Approvisionnements	*m*			
Débiteurs divers.	*n*			
Impôt sur le revenu et droit de transmission	*p*			
	S			S

COMPTE DE PROFITS ET PERTES

Débit		
Intérêts et escompte		
Service des obligations (amortissement de).		Recettes d'exploitation. . . R
Frais généraux		
Frais divers		
Dépenses d'exploitation		
	U	
Solde créditeur	$R - U$	
	R	R

Service central de la comptabilité. — Il vérifie le service de comptabilité des usines (voir service comptabilité des usines), puis ajoute à la comptabilité propre de l'exploitation, la comptabilité relative au premier établissement et aux frais généraux.

Tous ces résultats sont résumés dans la balance de fin d'année, d'après laquelle on dresse le bilan ainsi que le compte de profits et pertes.

Nous donnons ci-dessus un modèle de bilan ainsi qu'un modèle de compte de profits et pertes en faisant remarquer que le solde créditeur

$$E' = R - U.$$

CHAPITRE II

Service de production de l'énergie

MATÉRIEL ; COMPOSITION DU PERSONNEL ; FONCTIONS DU PERSONNEL

Matériel d'usine. — Nous nous contenterons de rappeler ici de quoi il se compose, renvoyant pour plus amples détails aux autres fascicules, afin de ne pas faire double emploi autant que possible.

Nous commencerons par les installations les plus simples, en suivant l'ordre historique depuis l'origine jusqu'à nos jours.

Usine à vapeur. Usine de courant continu à 2 fils. — Elle comprenait en général plusieurs unités composées chacune d'une chaudière multitubulaire, avec pompes d'alimentation et de circulation à vapeur, d'une machine à vapeur avec condenseur tandem à mélange et d'une dynamo actionnée par courroie.

La puissance était très divisée, chaque unité correspondait à une puissance ne dépassant pas 200 kilowatts. La consommation de combustible étant environ de 3 kilogrammes par kilowatt.

La partie électrique se composait de deux dynamos shunt G_1G_2, d'une batterie d'accumulateurs B, d'un survolteur S et d'un tableau en marbre comprenant :

Rh_1, Rh_2, rhéostat d'excitation ;

$C_1C_2C_3$, coupe-circuit fusible ;

K_1K_2, interrupteurs ;

A_1A_2, ampèremètres :

D_1D_2, disjoncteurs-conjoncteurs :

rh, rhéostat du survolteur ;

M, commutateur à 2 directions ;

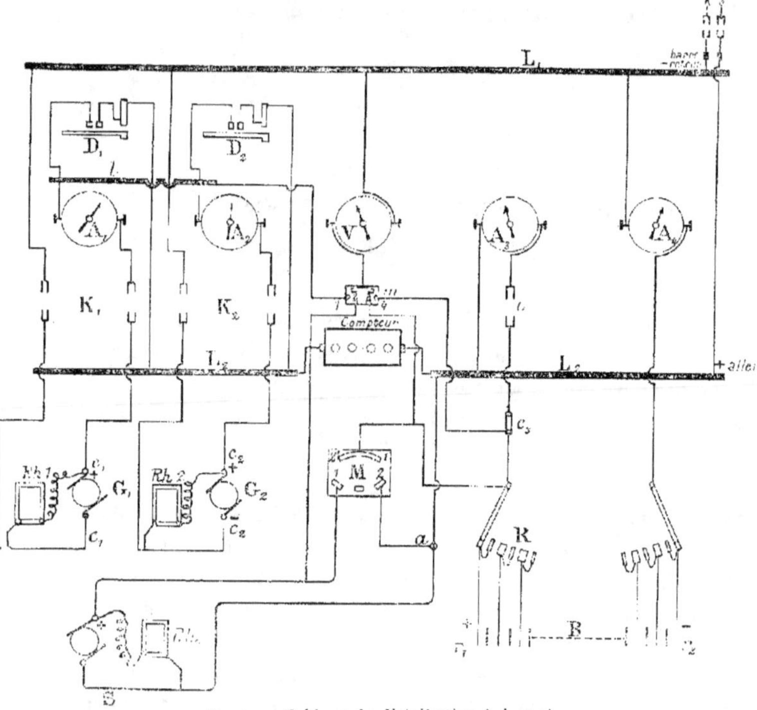

Fig. 1. — Tableau de distribution à 1 pont.

I, interrupteur de ligne ;

R, réducteur pour les accumulateurs ;

A, ampèremètres ;

V, voltmètre ;

m, commutateur du voltmètre ;

i, interrupteur du circuit de décharge des accumulateurs ;

L_1, barre de retour du courant ;

L_2, barre aller.

Manœuvres. — On voit par l'inspection de la figure ci-contre, à l'aide

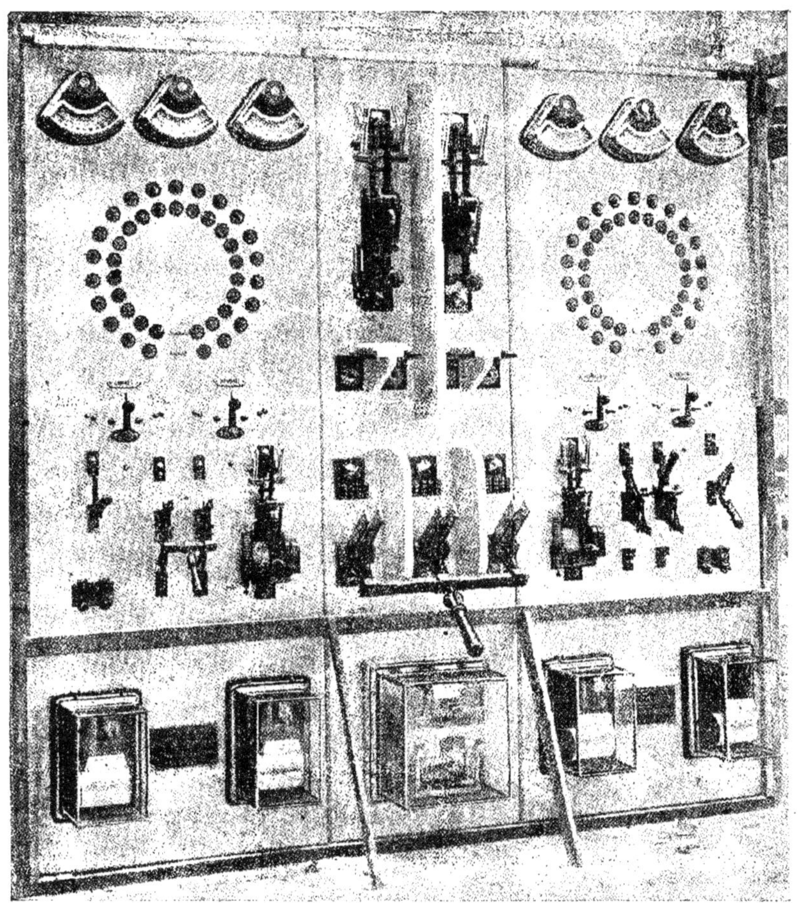

Fig. 2. — Tableau de distribution à courant continu (Ecole des travaux publics).

du jeu des différents interrupteurs et conjoncteurs-disjoncteurs.

Comment on pouvait :

1° alimenter la ligne avec les dynamos seules ;

2° par les accumulateurs seuls ;

3° par l'emploi simultané des dynamos et des accumulateurs ;

4° Comment on pouvait charger les accumulateurs avec ou sans le survolteur. Le commutateur *m* permet de prendre la tension aux bornes des dynamos, ainsi qu'aux bornes des accumulateurs, dans les différents cas qui peuvent se présenter (cours de M. Becq, École des travaux publics).

Ce genre d'usine fonctionne encore pour les transports d'énergie à petite distance.

Plusieurs usines à 2 fils fonctionnent sans accumulateurs, principalement dans le cas de la traction électrique, avec excitation hypercompound et barres d'équilibration pour la mise en parallèle.

Dans ce cas, nous rappelons qu'une fois que le moteur a pris sa vitesse, on règle le rhéostat d'excitation du fil fin (excitation shunt), de façon à avoir le voltage des barres ; à ce moment on ferme l'interrupteur d'égalisation, puis l'interrupteur positif du tableau ; dans le cas où le voltage de la dynamo vient à monter par suite du courant qui circule dans le gros fil depuis l'interrupteur d'égalisation jusqu'à la barre positive du tableau, il y a lieu de le diminuer à l'aide du rhéostat de l'excitation shunt.

Il faut faire attention aux fausses manœuvres. Il peut arriver que si l'on ferme tous les interrupteurs sauf celui d'égalisation, il y ait renversement de courant dans le gros fil et changement de courant dans la polarité.

Dispositif spécial. — Il a existé des installations à 2 fils, permettant de distribuer l'énergie assez loin, à l'aide de dynamos mises en série sur la ligne à haute tension, suivant les besoins du service. Les lignes à haute tension alimentaient dans les sous-stations, soit des accumulateurs seuls, soit à la fois des accumulateurs et moteurs de transformateurs rotatifs.

Ces sous-stations débitaient le courant secondaire à 110 volts (voir les figures 3 et 4). Les batteries débitaient seules aux heures de faible consommation, les génératrices des transformateurs débitaient en quantité avec les accumulateurs au moment du fort débit (voir dans les fascicules la distribution du système à intensité constante).

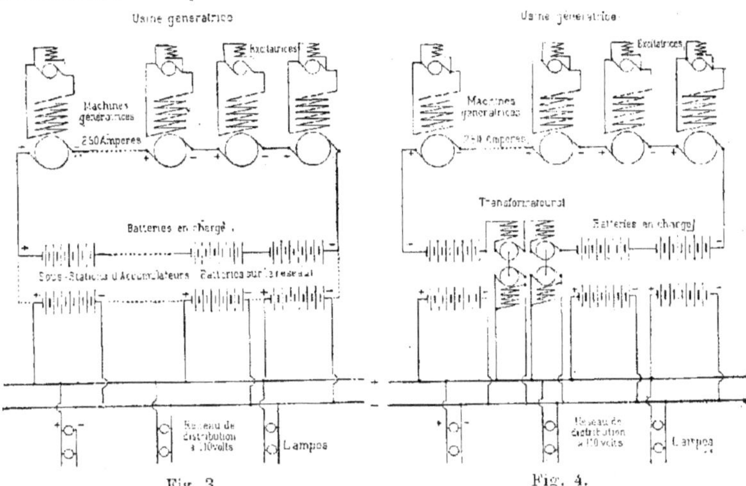

Fig. 3.   Fig. 4.

Système de distribution avec sous-station (Accumulateurs et transformateurs).

Installation à plusieurs fils. — Afin d'augmenter l'importance des sous-stations et le transport de force à plus grande distance, l'installation à plusieurs fils, généralement à 5 fils, fut ensuite adoptée et les moteurs à vapeur furent remplacés par des unités plus puissantes du système Corliss compound. La consommation de vapeur aux essais étant environ de 10 kilogrammes par kilowatt-heure, soit environ 1.25 kg de charbon, ce qui en marche donnait environ 2 kilogrammes de charbon par kilowatt-heure en moyenne.

La consommation pouvait augmenter de $\frac{1}{3}$ et plus, à faible charge pour des unités de 1 000 kilowatts par exemple, pour diverses raisons que nous verrons dans le prix de revient du kilowatt-heure. Nous donnons (fig. 5) un schéma du tableau de l'usine centrale qui diffère de celui déjà donné par sa division en 2 parties. *La 1ʳᵉ partie* ou tableau d'arrivée porte les appareils nécessaires à l'arrivée du courant :

1 interrupteur à main ;

1 interrupteur automatique contre le renversement du courant ;

1 commutateur pour voltmètre ;

1 rhéostat d'excitation ;

1 appareil à signaux ;

permettant de mettre en communication le personnel des machines avec celui du tableau : ce tableau est divisé en autant de panneaux qu'il y a

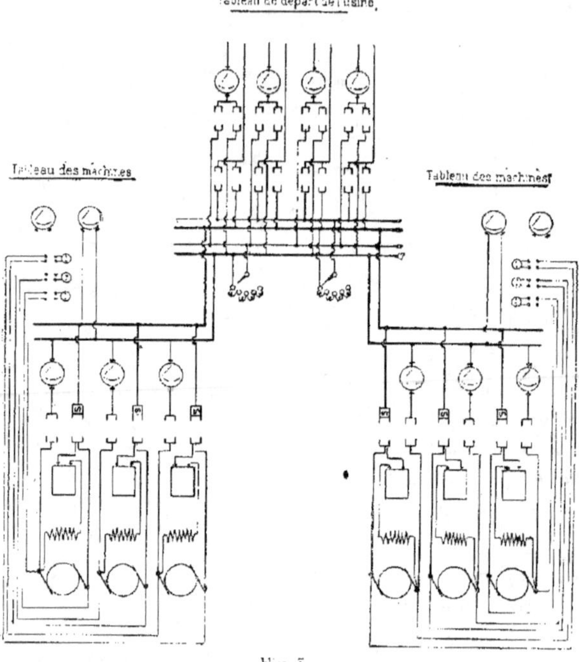

Fig. 5.

de machines ; les différents rhéostats peuvent être manœuvrés séparément ou tous à la fois. 2ᵉ *Partie ou tableau de départ du courant.* Ce tableau est divisé en plusieurs parties d'où part un feeder composé de plusieurs câbles parallèles qui peuvent être mis en quantité plus ou moins grande suivant le débit exigé par la sous-station alimentée, ce tableau porte les voltmètres mis en communication par des fils pilotes avec l'extrémité des feeders.

Manœuvres. — Les manœuvres consistent ici dans la mise en marche
et la mise en parallèle des machines, lorsque la vitesse de la dynamo est
suffisante et a atteint sa vitesse de régime ; on règle s'il y a lieu le voltage
avant de brancher sur le tableau d'arrivée puis on ferme les interrupteurs
de ce tableau. Nous rappelons qu'il faut avant la mise en marche faire
circuler la vapeur dans les enveloppes de vapeur, bien faire fonctionner
les robinets de purge, puis mettre en marche en ouvrant peu à peu la
valve de vapeur ainsi que le robinet d'admission d'eau au condenseur.

Pour le tableau de départ on introduit plus ou moins de câbles sur
chaque feeder suivant les indications du voltmètre.

Sous-station. — Le schéma (fig. 6) indique comment la sous-station reçoit et distribue le courant.

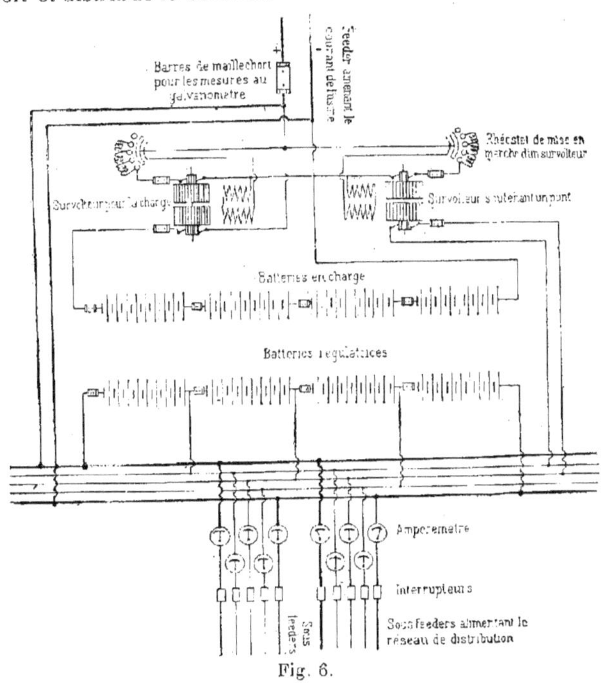

Fig. 6.

Le tableau de distribution permet d'introduire : 1° un survolteur pour

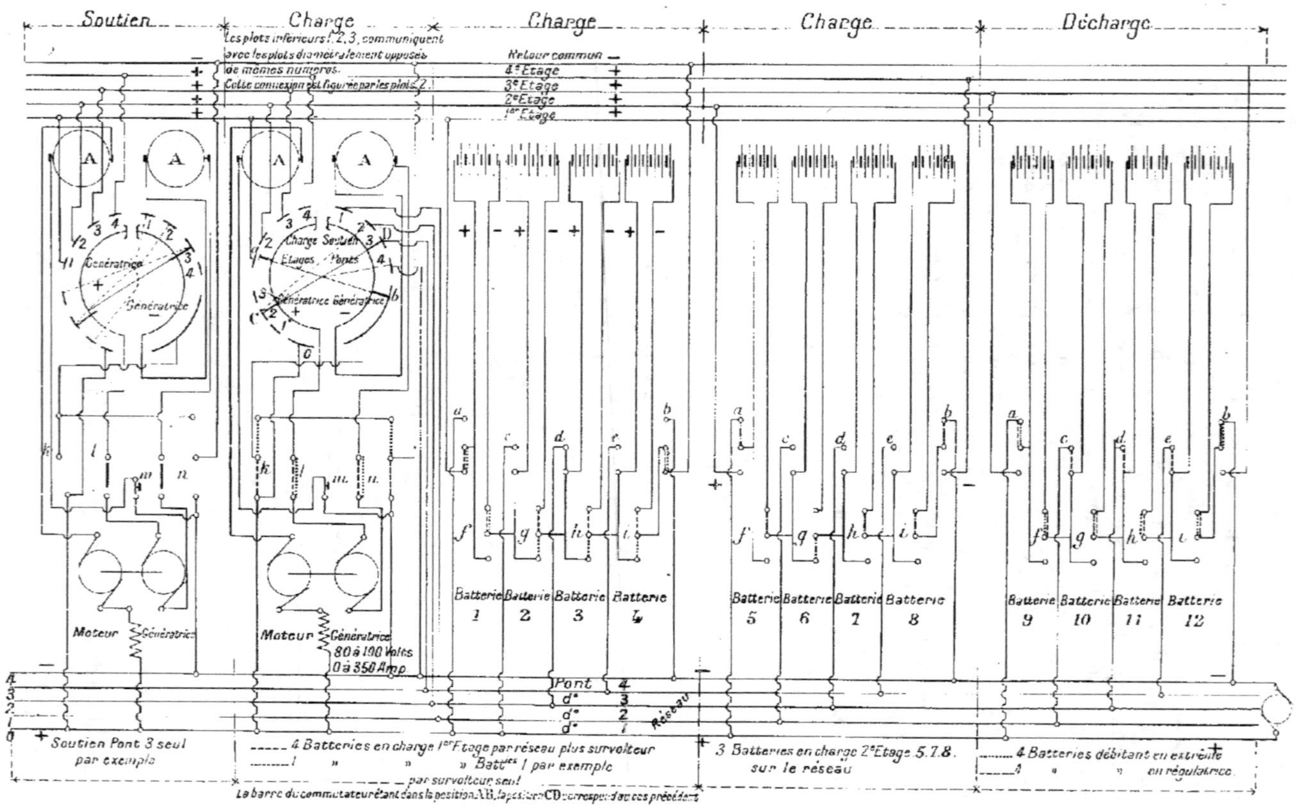

Fig. 7. — Tableau d'une installation à plusieurs ponts.

soutenir un pont quelconque ; 2° de charger les accumulateurs soit par réseau plus survolteur soit par survolteur seul ; 3° de décharger les batteries en extrême ou en régulatrice des ponts.

Manœuvres. — Pour bien comprendre comment se font les manœuvres qui correspondent aux 3 cas que nous venons d'énoncer plus haut, nous montrons ci-contre une figure assez détaillée du tableau que comporte une telle installation.

Nous voyons que ce tableau est muni de commutateurs circulaires, dont les 2 grands segments intérieurs communiquent avec les 2 pôles de la génératrice du survolteur et les petits segments avec les fils de mêmes numéros des ponts, pour la partie droite supérieure et gauche inférieure d'une part, et avec les étages différents où sont logés les accumulateurs pour la partie gauche d'autre part, de telle sorte que si les interrupteurs l et m sont fermés, il suffit de mettre le haut du commutateur tournant sur le point voulu, pour mettre les 2 bornes de la génératrice du survolteur en communication, soit avec les 2 extrémités d'un pont, soit avec les extrémités d'une des batteries de chaque étage ; pour ce dernier cas il faudra en plus que les interrupteurs soient fermés suivant les traits . . . ., si nous les mettons suivant les traits — — — — nous mettrons la génératrice du survolteur en tension avec le réseau ; on pourra également charger 3 batteries au lieu de 4 avec le réseau seul, en fermant les interrupteurs suivant les traits — . — . — . — . de façon à supprimer une batterie ; on voit facilement par la dernière figure du schéma comment on peut se servir des batteries pour décharger en extrême ou en régulatrice sur les ponts.

Le voltage à la station est indiqué à chaque moment par des voltmètres enregistreurs.

Usines à vapeur pour courant alternatif. Matériel. — Pour donner une idée du matériel des usines modernes et de leur importance, nous ne saurions mieux faire que de donner le projet adopté pour l'usine de Saint-Denis près de Paris :

Le projet comporte : 12 turbo-alternateurs chacun d'une puissance nominale de 5000 kilowatts, les piles en courant triphasé à 10 250 volts

25 périodes, un quart en courant diphasé de 12 300 volts 42 périodes, le sixième de cette puissance totale devant constituer une réserve.

Des turbo-dynamos pour le courant continu, des convertisseurs (triphasé continu et diphasé continu); un ou plusieurs groupes mixtes ou polymorphiques (triphasé-diphasé-continu).

Les 12 turbo alternateurs seront divisés en 3 sections de 4 groupes, chaque groupe formant un rectangle, dont les alternateurs formeront les angles.

Le tout réparti dans une salle de 200 mètres de longueur sur 20 mètres de largeur.

Les condenseurs, pompes à air, pompes de circulation, dans le sous-sol de la salle des machines.

72 chaudières réparties dans 3 bâtiments carrés de 40 mètres de côté ; 12 pompes d'alimentation et des épurateurs répartis dans 3 salles, dites salles des pompes, chacune de 40 mètres de longueur sur 6 mètres de largeur, entre le bâtiment correspondant des chaudières et la salle des machines ; 12 cheminées disposées sur une seule ligne par groupes de quatre ; chaque groupe correspondant à une batterie de 24 chaudières ; au delà des cheminées, les silos à charbon et les silos à cendre et mâchefers.

Un tableau principal de distribution disposé dans un petit bâtiment attenant à la salle des machines du côté opposé à la salle des chaudières.

Des convoyeurs pour le transport des charbons et des cendres.

Deux galeries pour l'adduction et pour l'évacuation des eaux.

Un pont roulant de 40 tonnes dans la salle des machines mû par un moteur électrique de 15 chevaux.

Deux grues électriques de déchargement de 3000 kilogrammes chacune à benne dragueuse sur le quai.

Des batteries d'accumulateurs.

Dans la plupart des usines il y a en plus du matériel cité ci-dessus des transformateurs élévateurs des tensions.

Manipulation du combustible. — Le matériel nécessaire à cette manipulation se compose : 1° d'une grue électrique, benne à dragueuse ou piocheuse, qui puise dans le bateau le combustible nécessaire; 2° d'une

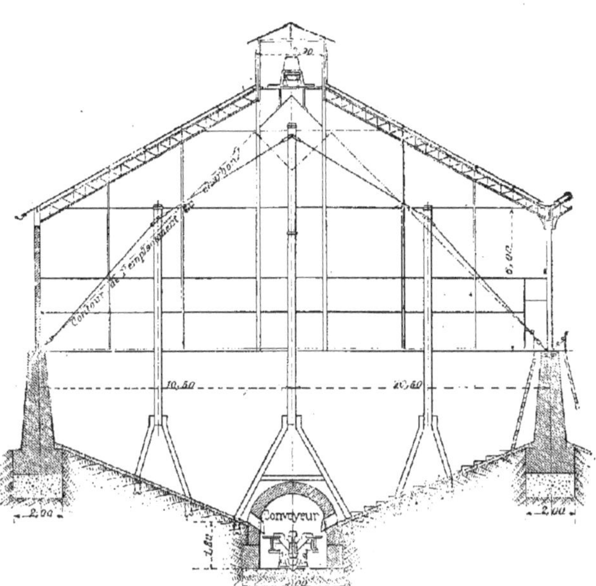

Fig. 8. — Coupe transversale d'un silos à charbon.

Fig. 9. — Convoyeur au-dessus des silos en tôle des chaudières.

bascule enregistreuse, qui dépose le combustible puisé sur un transporteur destiné à alimenter les convoyeurs ou élévateurs transporteurs. Ces convoyeurs sont à bennes basculantes montées sur une chaîne sans fin à galets, guidés par un chemin de roulement, ces bennes sont munies d'une came pour obtenir le renversement en un point quelconque. Le 1ᵉʳ con-

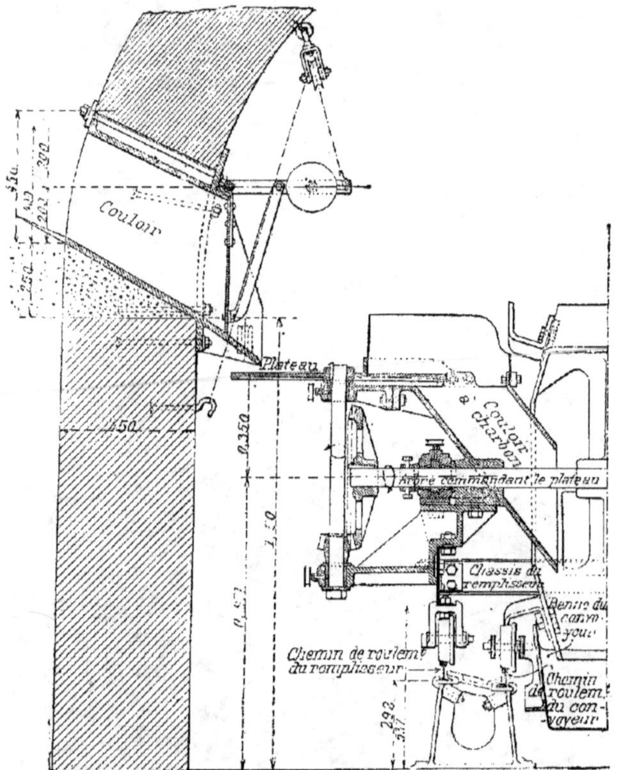

Fig. 10. — Distributeur à plateau d'un convoyeur à charbon.

voyeur déverse les bennes dans un premier silo dont la section a la forme d'un V, un second convoyeur, placé au bas de ce silo, reçoit le combustible nécessaire, lorsqu'on ouvre les trappes placées au fond du V et le transporte aux silos en tôles de la chaufferie pour être déversé

Fig. 11. — Vue d'ensemble d'une chaufferie.

au moment voulu sur les grilles, à l'aide d'un mécanisme de commande (fig. 8, 9, 10).

Chaufferie. — Les grilles des chaudières sont, à Saint-Denis, comme dans la plupart des installations modernes mécaniques. elles sont composées de maillons articulés en fonte, formant chaîne sans fin, s'enroulant en avant et en arrière sur 2 rouleaux actionnés par un moteur électri-

Fig. 12. — Grille mécanique retirée du foyer d'une chaudière.

que. à fin de grille un décrasseur avec peigne à grosses dents fait tomber le mâchefer dans un puits.

Par des manœuvres analogues à celles citées pour la manipulation du combustible, le mâchefer et la cendre sont enlevés par un troisième convoyeur (fig. 11 et 12).

Salle des machines. — Dans les grosses usines comme celles de Saint-Denis, les moteurs à vapeur sont des turbines qui sont toujours indiquées lorsque la puissance dépasse 1500 chevaux (fig. 13). Nous renvoyons

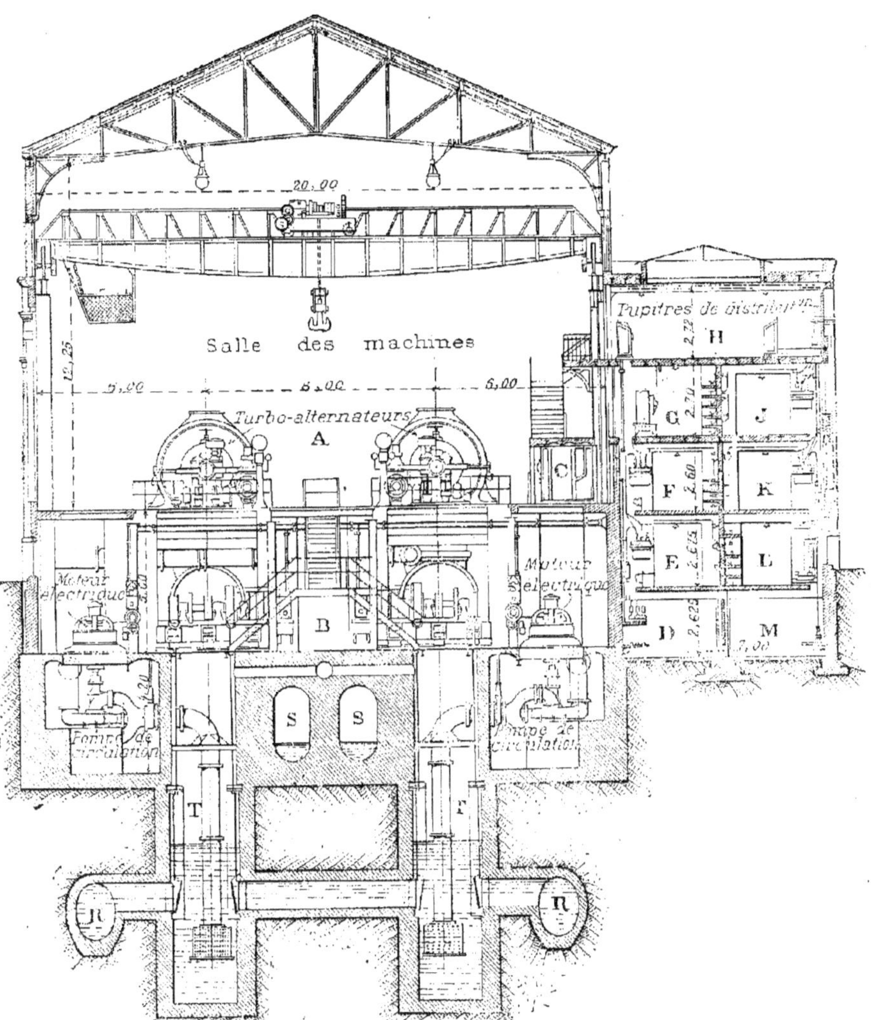

Fig. 13. — Coupe transversale. Salle des machines et bâtiment d'appareillage.

pour plus amples renseignements aux autres fascicules.

Nota : les figures 8, 9, 10, 11, 12, 13 sont du *Génie civil*.

Bâtiment de l'appareillage. — Un bâtiment est affecté à la réception, la canalisation, la surveillance et la distribution des courants à haute tension — les appareils et conducteurs relatifs aux machines, sont placés contre le mur attenant à la salle des machines, les feeders et leurs appareils contre le mur extérieur. — Une cloison centrale supporte les barres collectrices et distributives du courant.

Les câbles venant des machines entrent dans le bâtiment de distribution, montent jusqu'au troisième et quatrième étage par la partie gauche où ils sont reliés par l'intermédiaire des interrupteurs et barres collectrices aux feeders de départ, qui redescendent pour distribuer le courant au dehors.

Le 5ᵉ étage est réservé aux appareils de mesure, de mise en phase, qui sont disposés sur 2 tables métalliques, dont le dessus est incliné en forme de pupitre. Le côté gauche est pour les machines, le droit pour les feeders : les différents leviers d'interrupteurs des barres ou des appareils sont placés à côté et permettent la commande à distance ; à cet étage n'arrive aucun conducteur à haute tension, on ne reçoit le courant qu'après transformation pour les appareils sous la main du surveillant, — un tableau spécial à courant continu est placé en bas à proximité des groupes à courant continu.

Pour bien comprendre la conduite d'une usine centrale ainsi que les manœuvres à faire dans le cas le plus général, nous donnons (planche I) le schéma des connexions de la centrale génératrice de Castelnuovo-Valdarnon, qui comporte des transformateurs élévateurs de tension, en renvoyant aux fascicules spéciaux pour l'explication des appareils figurant dans la légende ci-jointe.

Nous donnons également (planche II) la coupe du bâtiment des transformateurs et de l'appareillage de la même usine. Sans entrer dans les détails, nous faisons remarquer simplement que le service des alternateurs et des excitatrices se fait de l'estrade principale, qui se trouve au premier étage — les instruments de mesure et les leviers de manœuvre d'un alternateur sont réunis sur une colonne, qui porte un ampèremètre principal, un d'excitation, un voltmètre double avec lampe de phase pour la mise en parallèle, ainsi que des lampes signal pour indiquer la position du disjoncteur à maxima.

A côté se trouve un levier de manœuvre pour ce dernier et deux leviers de maneuvre pour les interrupteurs de raccordement, un verrouillage empêche de fermer l'interrupteur principal avant que l'un des interrupteurs de raccordement soit fermé.

Du tableau on peut aussi actionner à distance par une commande électromagnétique les disjoncteurs des lignes de départ munis d'un déclanchement automatique avec relais à maxima à action différée.

Nous croyons intéressant de donner ci-contre une vue d'un interrup-

Fig. 14.

teur à huile à déclanchement automatique, pouvant être commandé à la main ou à distance au moyen d'une commande mécanique.

Manœuvre. — Mise en marche d'une machine. Les couteaux étant placés, l'ordre est donné de l'estrade principale de mettre en route la machine à vapeur n° 1 par exemple, à l'aide de coups de sifflet, lampe

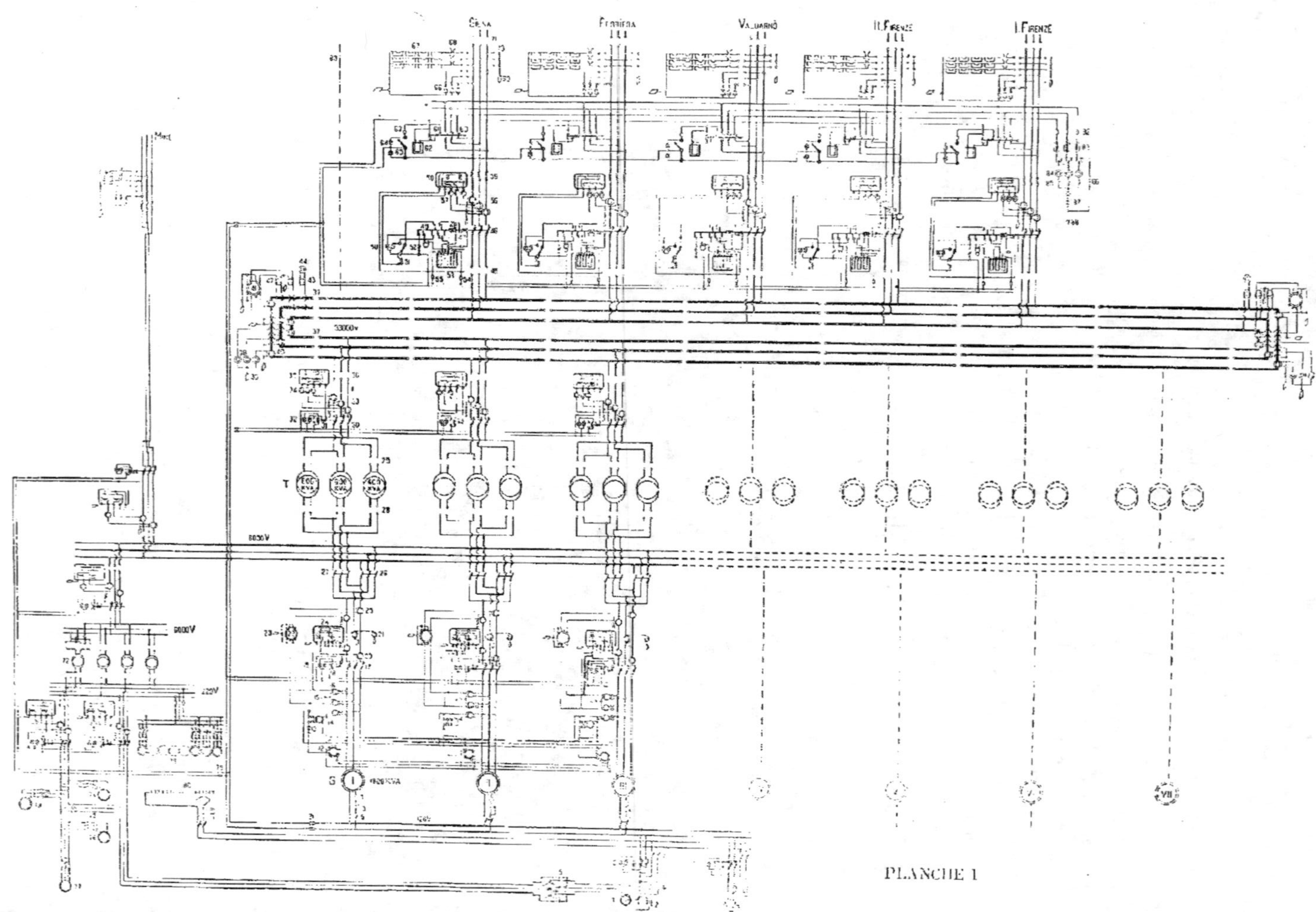

PLANCHE 1

Légende

1 = Moteur triphasé asynchrone.
2 = Dynamo-excitatrice.
3 = Ampèremètre pour l'excitation.
4 = Volmètre pour l'exitation.
5 = Rhéostat de démarrage du moteur triphasé.
6 = Lampes-signal.
7 = Disjoncteur à maxima.
8 = Commutateur pour la mise en charge.
9 = Interrupteur pour le courant d'excitation.
10 = Rhéostat principal.
11 = Ampèremètre pour le courant d'excitation.
12 = Commutateur de voltmètre.
13 = Lampe de phase.
14 = Volmètre double.
15 = Ligne de terre.
16 = Transformateur de mesure.
17 = Disjoncteur à maxima pour 6000 volts.
18 = Interrupteur inducteur.
19 = Lampe-signal.
20 = Réducteur de courant.
21 = Ampèremètre pour le courant principal.
22 = Wattmètre double.
23 = Ligne de terre.
24 = Relais à maxima et pour courant de retour.
25 = Réducteur de courant.
26 = Interrupteur à bain d'huile entre l'alternateur et les barres omnibus.
27 = Interrupteur à bain d'huile entre l'alternateur et le groupe transformateur.
28 et 29 = Couteaux de sectionnement.
30 = Disjoncteur à bain d'huile pour 33 000 volts.
31 = Bobine de l'automate.
32 = Lampes-signal.
33 = Réducteur de courant.
34 = Ampèremètre.
35 = Relais à maxima à action différée.
36 et 37 = Couteaux de section.
38 = Ampèremètre des barres omnibus.
39 = Ligne de terre.
40 = Réducteur de courant.
41 = Wattmètre double enregistreur.
42 et 43 = Transformateurs de mesure.

44 = Voltmètre général.
45 = Couteaux de sectionnement.
46 = Disjoncteur à maxima à bain d'huile, à commande électro-magnétique, pour 33 000 volts.
47 = Automate de déclanchement.
48 = Automate de fermeture.
49 = Commutateur indicateur du disjoncteur
50 = Lampes-signal.
51 = Manette de commande de l'interrupteur électro-magnétique.
52 = Interrupteur de signal acoustique.
53 = Résistance.
54 et 55 = Coupe-circuits.
56 = Réducteur de courant.
57 = Ampèremètres de ligne.
58 = Relais à maxima, à action différée.
59 = Spirale de self.
60 = Commutateur pour l'essai d'isolement.
61 = Electro-aimant.
62 = Résistance série.
63 = Coupe-circuits.
64 = Lampe-signal.
65 = Manette de commande du disjoncteur électro-magnétique.
66 = Déchargeur à circulation d'eau.
67 = Résistances liquides.
68 = Parafoudre à antennes.
69 = Ligne de terre.
70 et 71 = Couteaux de sectionnement.
72 = Transformateurs pour les services internes.
73 à 77 = Différents moteurs de pompes.
78 = Moteurs pour la commande des ventilateurs.
79 = Coupe-ciréuits.
80 = Batte4ie d'accumulateurs.
81 = Coupe-circuits.
82 = Coupe-circuits à haute tension. }
83 = Bobine d'induction.
84 = Ohmmètre.
85 = Interrupteur.   pr l'essai d'isolem.
86 = Résistance auxiliaire.
87 = Batterie de piles sèches.
88 = Ligne de terre.
89 = Ligne de départ projeté.

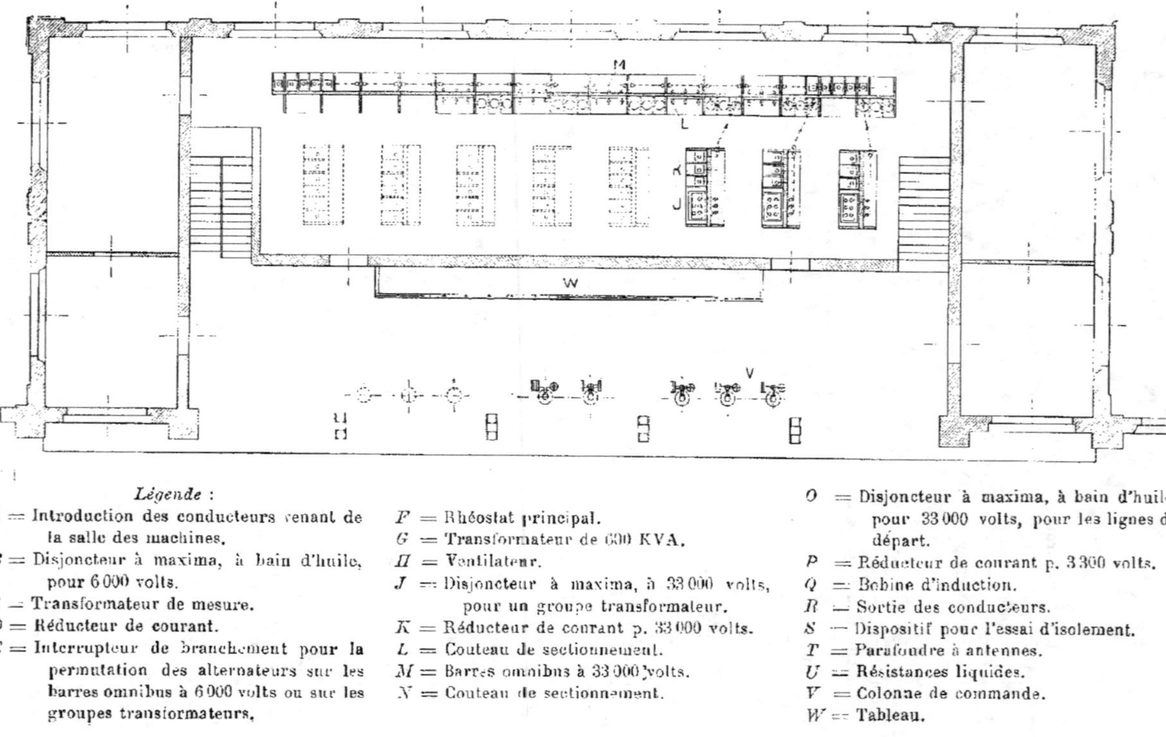

PLANCHE II. — Plan du 1er étage.

Légende :

A = Introduction des conducteurs venant de la salle des machines.

B = Disjoncteur à maxima, à bain d'huile, pour 6 000 volts.

C = Transformateur de mesure.

D = Réducteur de courant.

E = Interrupteur de branchement pour la permutation des alternateurs sur les barres omnibus à 6 000 volts ou sur les groupes transformateurs.

F = Rhéostat principal.

G = Transformateur de 600 KVA.

H = Ventilateur.

J = Disjoncteur à maxima, à 33 000 volts, pour un groupe transformateur.

K = Réducteur de courant p. 33 000 volts.

L = Couteau de sectionnement.

M = Barres omnibus à 33 000 volts.

N = Couteau de sectionnement.

O = Disjoncteur à maxima, à bain d'huile, pour 33 000 volts, pour les lignes de départ.

P = Réducteur de courant p. 3 300 volts.

Q = Bobine d'induction.

R = Sortie des conducteurs.

S = Dispositif pour l'essai d'isolement.

T = Parafoudre à antennes.

U = Résistances liquides.

V = Colonne de commande.

W = Tableau.

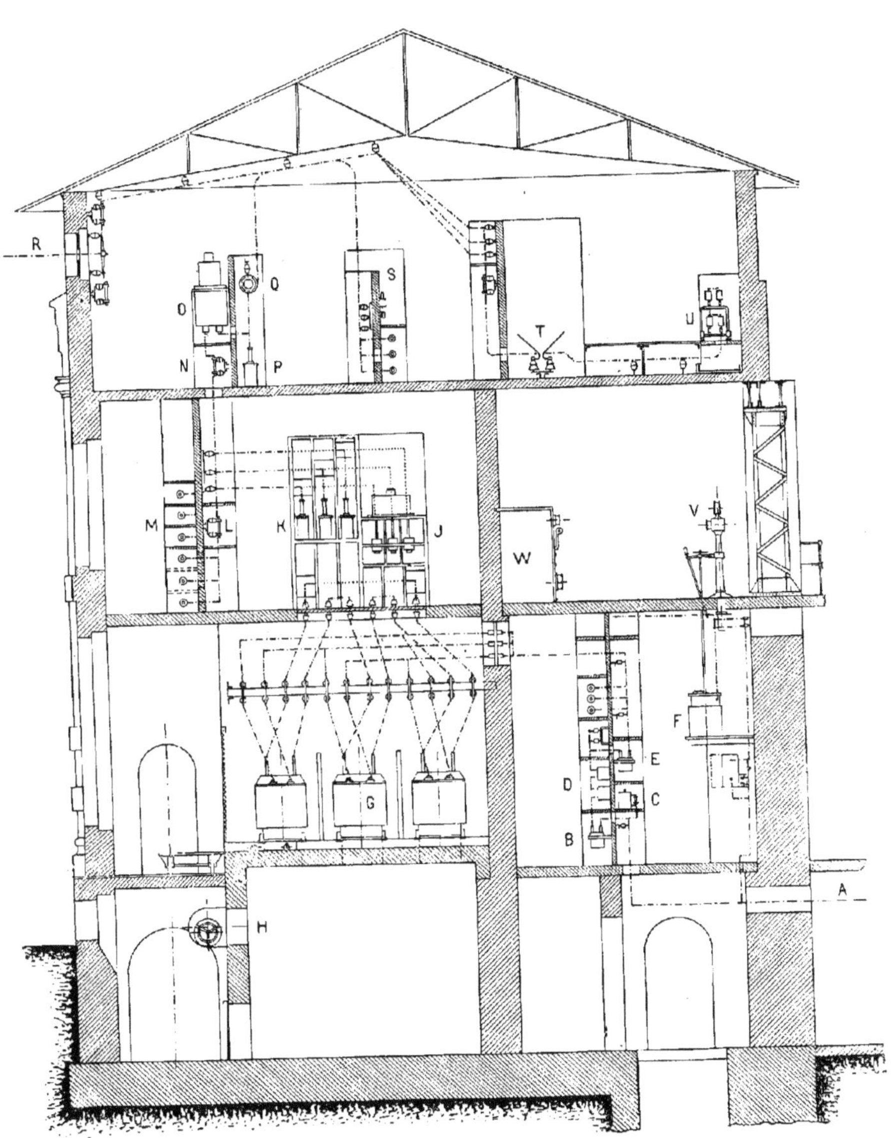

PLANCHE II. — Coupe du bâtiment des transformateurs.

signal ou téléphone ; en même temps, on agit sur le démarreur du moteur asynchrone et à l'aide d'un volant à main du rhéostat de shunt, on amène l'excitatrice au voltage voulu, puis on ferme les interrupteurs d'excitation et on règle le voltage de l'alternateur une fois que la machine à vapeur a atteint sa vitesse, tout cela de la salle du 1er étage dans le cas actuel. Si d'autres alternateurs sont déjà en service, on attend la coïncidence des phases indiquée par le voltmètre des 'phases ou la lampe de phase, pour former les interrupteurs, qui conduisent le courant aux barres omnibus. Il existe dans beaucoup d'installations modernes des synchronoscopes. La vitesse avec laquelle tourne l'aiguille de cet appareil indique la différence de vitesse de deux machines ; lorsque l'aiguille tourne dans le sens des aiguilles d'une montre, la vitesse de la machine à mettre en parallèle est trop grande ; dans le cas contraire, sa vitesse est trop faible ; l'immobilité de l'aiguille dans n'importe quelle position indique que la vitesse des 2 machines est constante. Pour que la coïncidence des phases ait lieu, il faut que l'aiguille soit verticale.

Cet appareil permet au surveillant de donner les ordres nécessaires au mécanicien, pour modifier la vitesse des machines et lui permet aussi de voir d'une façon précise le moment de la coïncidence des phases.

Les transmissions et réceptions d'ordres se font généralement à l'aide de lampes de différentes couleurs.

Personnel attaché à l'usine centrale à vapeur. — Nous donnons ici un tableau des différents emplois qui dépendent de l'usine centrale proprement dite, d'après leur ordre hiérarchique, de telle sorte que le personnel se décompose en personnel de bureau et en personnel ouvrier, ce dernier se divisant à son tour :

1° En personnel attaché à la production et transformation ;

2° En personnel attaché à la canalisation, transport et consommation.

Il arrive souvent que le personnel des sous-stations ne dépend pas du directeur de l'usine centrale. C'est le cas à Paris : les sous-stations dépendent des secteurs qui achètent une partie du courant à l'usine de Saint-Denis et reçoivent l'autre partie de leur usine encore existante

Usine Centrale

—

— DIRECTEUR —

Ingénieur en chef chargé du service technique	Chef comptable	Chef de magasin	Chef du service intérieur
	Employés de comptabilité	Employés de magasin	Recrutement des abonnés

Chef de station	Chef de sous-station	Chef de service des branchements et des canalisations	Chef de service des compteurs et du laboratoire	Recouvrement des recettes
Mécaniciens Électriciens Chauffeurs Manœuvres	Electriciens	Employés	Employés	Signature des polices Service commercial
				Employés

NOTA. — Dans les usines modernes un ingénieur chimiste est souvent joint à ce personnel pour les essais de combustible à l'usine et au laboratoire.

Il est intéressant de remarquer que dans le personnel attaché à la production, de grandes économies de personnel sont faites dans les usines modernes grâce à la multiplication des appareils de manutention mécanique et à l'emploi des grosses unités perfectionnées avec graissage automatique. Avec les grilles mécaniques des chaudières il faut un chauffeur et deux aides, un aide d'alimentation, un surveillant d'alimentation, deux hommes au mâchefer, deux aux convoyeurs, trois débardeurs pour le déchargement des bateaux, un conducteur de grue, un chef d'entretien, un mécanicien d'entretien des appareils de manutention, à la chaufferie de St-Denis pour une puissance de 20 000 kilowatts, et encore prenons-nous les chiffres les moins récents, tandis qu'il fallait à peu près le même nombre d'hommes à la chaufferie pour des puissances de 1 000 kilowatts.

Pour la conduite des turbines à vapeur il faut à l'usine de St-Denis, un mécanicien et un aide-mécanicien alors que dans certaines usines il fallait environ dix hommes pour une puissance de 1 000 kilowatts à la salle des machines, du côté des électriciens c'était à peu près la même chose.

Fonction du personnel. — *Le Directeur* traite personnellement les questions importantes, avec les abonnés importants, le contrôle et les municipalités, après en avoir référé à l'administration centrale et avoir pris ses instructions générales ; il juge les litiges entre les chefs de service et leurs subordonnés, examine les bons de commande établis par le magasinier, les modifie s'il y a lieu et les soumet à l'approbation de l'administrateur-délégué, il examine également les rapports des chefs directement sous ses ordres pour les transmettre avec annotations à l'administrateur-délégué ou pour lui transmettre un rapport personnel.

L'ingénieur en chef des services techniques reçoit tous les jours les rapports de ses chefs de service relatant la marche du service et les incidents de la veille, les relevés de pression, de consommation d'eau, de charbon, de kilowatts fournis, ainsi que les courbes d'intensité de voltage, de kilowatts instantanés, le tirage à la cheminée, la teneur en acide carbonique des gaz à la sortie de la cheminée relevée ou non par un appareil automatique, la teneur en cendres et scories, les heures de mise en marche des groupes électrogènes, du nettoyage des feux, de l'allumage. Dans beaucoup d'exploitations les appareils enregistreurs sont dans son bureau même, il reçoit également les relevés d'isolement qui doivent être faits au moins une fois par mois.

Tous ces renseignements lui permettent de se rendre compte de la marche suivie, des fautes commises, ainsi que de l'obéissance aux prescriptions ; le rapport de l'eau vaporisée au charbon consommé, la teneur en CO^2, le bulletin de pression indiquent que les feux ont bien été conduits suivant les prescriptions, ou que le charbon brûlé est bien conforme à celui des essais ; la température de surchauffe peut indiquer un coup d'eau ; le relevé de la température, de l'huile de graissage, de l'eau de condensation, le vide au condenseur indiquent les défauts de graissage, d'arrivée d'eau au condenseur ainsi que la marche des pompes de circulation.

Le relevé de la quantité de cendres ou scories peut aussi indiquer que le charbon n'a pas été entièrement brûlé à cause d'une trop grande vitesse de grille, ou à cause du chauffeur ; un abaissement de pression malgré un bon tirage indique que le charbon est mauvais ou qu'il est réparti en charge trop haute ; une température des gaz inférieure à la normale indique qu'il y a des rentrées d'air. Dans ce cas la teneur en CO_2 prise sur la grille, aux carneaux et à la cheminée n'est pas la même.

La baisse du manomètre avec une température et un tirage élevés laisse supposer que la chaudière est entartrée.

Les relevés électriques indiquent les charges anormales, les rendements électriques, les interruptions plus ou moins longues de courant, les fausses manœuvres, les incidents, il est bon de remarquer ici qu'un mauvais rendement de la machine peut provenir d'un déréglage de distribution.

Tous les rapports des chefs de service sont commentés par l'ingénieur avec la suite donnée ou à donner avant d'être remis au Directeur, il fait aussi un rapport spécial sur les accidents du travail, les arrêts trop longs, provenant d'un court-circuit en ligne ou d'une avarie de machine.

En outre, il préside aux essais de charbon et dresse un rapport destiné à déterminer le choix du combustible.

Nous indiquerons à la fin de ce fascicule comment sont faits les essais de charbon dans les usines modernes ainsi que la conduite des feux.

En résumé, il doit se rendre compte par les rapports et des visites sur les lieux, de la bonne marche du service aussi bien à l'intérieur qu'au dehors, de la bonne exécution des travaux de branchement et de canalisation, du bon état du matériel (isolement des câbles, compteurs, transformateur chez l'abonné) et rendre un compte exact de ce qui se passe au point de vue technique.

Chauffeurs. — Les chauffeurs doivent conduire les feux conformément aux principes de conduite de feux que nous indiquons à la fin de ce fascicule (conduite des feux).

Les incidents qui peuvent se produire dans ce service sont les coups de feu au tube, les fuites de vapeur principalement aux joints des tuyauteries, aux pompes, le mauvais fonctionnement des pompes d'alimentation causé en général par le jeu des segments de piston, des clapets avec leur siège, des garnitures, le bouchage des tubes d'alimentation.

Précautions. — *Détartreur électrique et soufflage à l'extérieur.* — Il y a lieu de visiter les tubes à l'intérieur et à l'extérieur à chaque arrêt, de les nettoyer, de vérifier souvent l'état hydrotimétrique des eaux d'alimentation surtout lorsque les condenseurs sont à mélange, de bien vérifier le dudjeonage et le certissage des emboîtements, de bien signaler tout de suite afin de faire les réparations urgentes, de bien vérifier le niveau de l'eau dans les chaudières par le tube de niveau ; les plus grands accidents peuvent provenir du manque d'eau ; éviter aussi de caler les soupapes de sûreté dans le but de charger les feux moins souvent, l'excès de pression pouvant être une cause de grand danger.

Veiller à ce que le rodage de surfaces de contact des soupapes de sûreté sur leur siège soit parfait.

Pour les brides des joints de vapeur, comme il est difficile d'avoir un dressage parfait des surfaces de contact, il faut interposer une matière plastique qui ne puisse pas s'écouler sous le serrage des boulons et la pression de vapeur, le mastic de minium par exemple avec une petite quantité d'étoupe de chanvre hachée ; pour empêcher l'écoulement, il convient de le laisser sécher quelques heures avant la prise en service. Éviter les rondelles de cuir ou de caoutchouc contenant du soufre exposé à la chaleur.

Mécanicien conducteur de machine. — En dehors des manœuvres déjà décrites le mécanicien doit relever sur une feuille toutes les 5 minutes, la température de la vapeur surchauffée à l'entrée de la machine, de l'huile, de l'eau de condensation, le degré de vide, ceci a une grande importance pour les turbines à vapeur à cause de la grande détente, dans le cas des turbo-alternateurs à vapeur il relève aussi les ampères et le voltage aux bornes de l'alternateur.

En dehors des manœuvres ses fonctions consistent dans l'entretien exigeant souvent le démontage et remontage des différentes pièces de sa machine après réparation nécessaire (rodage et dressage des surfaces de contact, rattrapage de jeu des pièces et remplacement de certains organes comme lame de ressort, segments de piston, garnitures).

Prescriptions. — Dans le cas des turbines à vapeur, il y a lieu de réchauffer avant la mise en marche, les phénomènes de dilatation pouvant être préjudiciables aux ailettes (on admet cependant à présent qu'on peut démarrer à froid).

Les manœuvres, dans le cas de la turbine à vapeur, consistent à agir sur le volant 14, pour admettre la vapeur dans le cylindre graduellement à mesure que la vitesse augmente; il y a un volant spécial qui

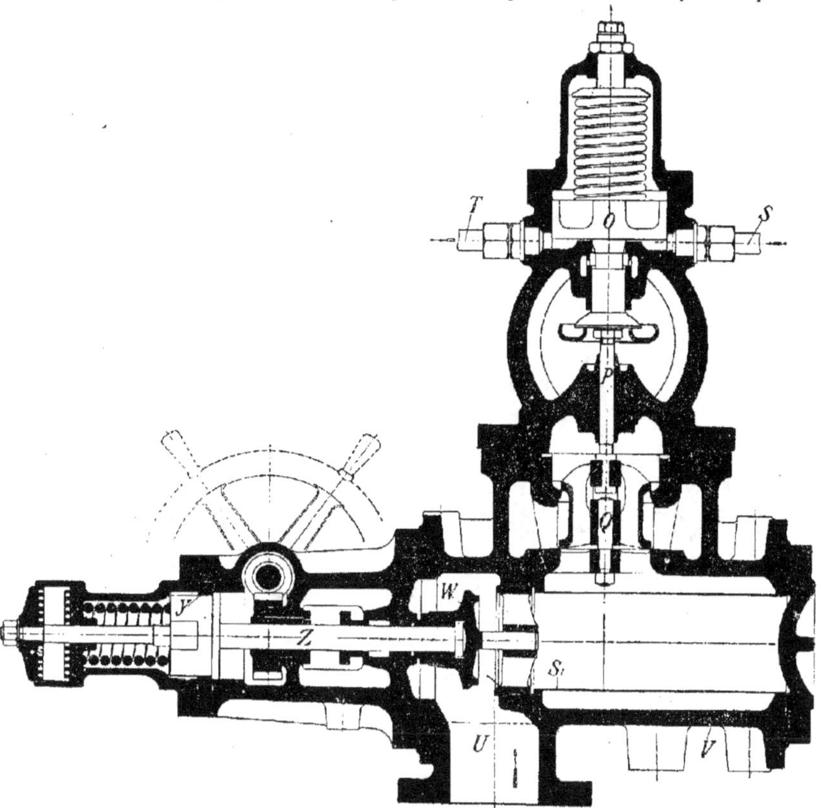

Fig. 15. — Appareil d'admission marchant par pression d'huile sous le piston 0.

permet de mettre à l'échappement libre au moment du démarrage lorsqu'il n'y a pas encore de courant pour actionner la pompe du condenseur. Pour modifier le nombre de tours de la turbine on règle le ressort n° 29 à la main ou à distance par commande électrique, cette manœuvre se fait pour la mise en parallèle. (Voir fig. 16).

Pour visiter le tambour et les aubages fixes on enlève simplement le demi-cylindre supérieur ; pour la visite de la valve d'admission on enlève la lanterne. Pour retirer la pompe à huile placée au bas du régulateur il suffit d'enlever le couvercle inférieur.

Nous rappelons ici, afin qu'on se rende bien compte des manœuvres et de l'entretien que l'arrivée de vapeur se fait par la conduite U, puis par le filtre S₁, une fois la manœuvre du volant effectuée (voir fig. 15).

La vapeur se rend ensuite par la valve Q dans la turbine, cette dernière valve étant commandée par la pression d'huile, qui arrive d'une pompe à huile par le tuyau S, sous le piston O.

L'huile se rend ensuite par la conduite T à la chambre du régulateur

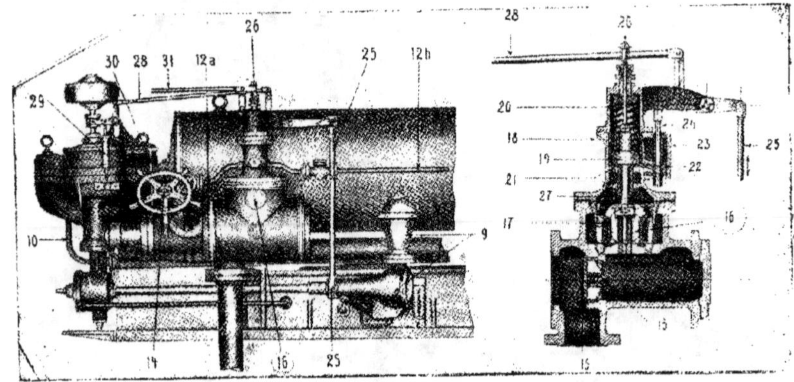

Fig. 16.

pour lubréfier ses axes et articulations par une fente dont la section varie avec la vitesse du régulateur ; on conçoit facilement d'après cela comment varie la pression d'huile sous le piston O.

Dans d'autres turbines le piston 19 est actionné par la vapeur, avec (voir fig. 16) tiroir réglé par le régulateur, à l'aide d'une tige 28 d'accouplement.

Pour la mise en marche, on peut soulever la soupape 17 avec le levier 31.

Pour examiner les organes de distribution on dévisse les boulons de l'enveloppe.

Électriciens du tableau. — Leurs fonctions consistent à faire les manœuvres déjà décrites en prévenant les chauffeurs et mécaniciens de faire le nécessaire en temps voulu à la suite des demandes de force, qui leur sont faites des sous-stations par téléphone, le service est presque tous les jours pareil, il peut y avoir cependant des modifications prévues en général longtemps à l'avance et quelquefois peu de temps avant ; par exemple, une des usines fournissant une sous-station peut manquer par suite d'accident, le manquant de force est alors demandé aux autres usines.

Dans chaque usine il est toujours prudent qu'il y ait des groupes de réserve prêts à marcher.

D'une façon générale les groupes à mettre en service aux différentes heures de la journée doivent l'être d'une façon rationnelle en tenant compte des courbes de débit aux différentes heures de la journée (voir courbes d'exploitation).

Le nombre des unités ainsi que leur puissance ont été choisis par le service d'étude de premier établissement ainsi que les heures de leur mise en service d'après les prévisions de débit.

Incidents. — Court-circuit au dehors qui fait sauter les disjoncteurs, on réduit alors le voltage aux machines, puis l'on remet les disjoncteurs ; si malgré le voltage réduit une ligne de départ indique beaucoup d'ampères il y a lieu de la débrancher et de prévenir l'ingénieur des services techniques qui fait le nécessaire, auprès du service des canalisations.

Une machine peut brûler par suite d'un mauvais isolement se produisant avant les disjoncteurs ou après ces derniers n'ayant pas fonctionné à temps par suite d'un mauvais réglage, il y a lieu alors de retirer les autres machines du circuit des lignes de départ et d'arrêter la machine avariée, de l'éteindre en étouffant le feu, de mesurer ensuite son isolement à la masse après avoir déconnecté les câbles ; en la remettant en marche à voltage réduit, elle doit peu débiter si le défaut principal est à la machine même, s'il est sur les câbles extérieurs elle débite beaucoup.

Les parties du tableau qui régulièrement doivent être isolées de la haute tension sont mises à la terre par crainte d'un contact accidentel avec la haute tension.

Il peut y avoir aussi des phénomènes dangereux de surtension, de retour du courant des sous-stations, ou de renversement de courant des barres du tableau débitant dans une machine, dus à une fausse manœuvre, quoique ces phénomènes puissent difficilement se produire avec les limiteurs de tension, les relais à maxima et pour retour du courant, et le verrouillage des leviers de commande.

Le personnel doit être exercé une fois par semaine à faire les manœuvres nécessaires en pareil cas.

Le personnel doit relever sur des feuilles destinées à cet usage le voltage aux bornes des accumulateurs en charge ou décharge, ainsi que l'ampérage; il doit en être de même sur tous les circuits où il y a des appareils de mesure.

Atelier de réparation. — Peu important en général dans les usines centrales où ne se fait généralement que la petite réparation, le service est généralement assuré par le personnel de mécaniciens et chauffeurs nécessaire pour assurer le roulement des repos.

Travail à faire. — Tournage de collecteur, d'axes usés, réparation des joints de vapeur, des compteurs, d'appareils, de lampes à arcs de rodage de clapet et siège de clapet, de soupapes de sûreté, réparation de moteur de ventilateur, limage des pièces de contact ayant reçu des coups de feu, enfiletage et taraudage de pièces, etc, en résumé tout travail rapide n'exigeant pas une grande précision.

Laboratoire. — Ce service détermine la puissance calorifique du combustible pour chaudière et l'analyse, il fait également les essais pour arcs, huiles et graisses, compteurs, les vérifications des appareils en marche et après réparation, il fait souvent aussi la réception de plaques d'accumulateur, il a à vérifier l'isolement des câbles d'une façon méthodique et ne doit jamais abandonner une section présentant même un léger défaut, sans s'assurer que le nécessaire a été fait; les défauts sont généralement constatés à un manchon, à une jonction plutôt que sur les câbles mêmes, des essais sont également faits chez l'abonné après l'exécution des travaux avant de brancher sur le réseau.

Les isolateurs sont également essayés sous une tension double de la tension normale.

Service du branchement et des canalisations. — Les principales fonctions de ce service consistent à relier le réseau à la ligne à alimenter,

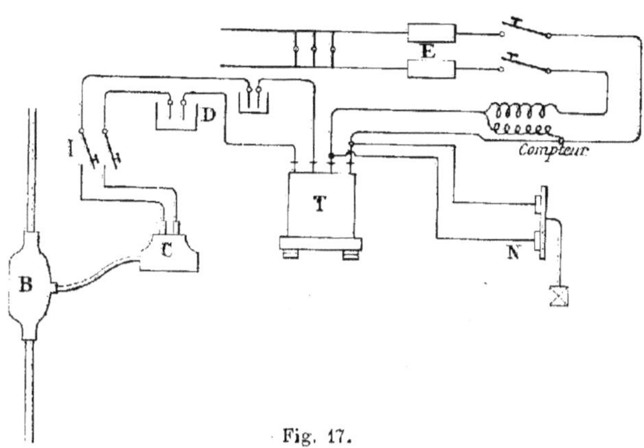

Fig. 17.

la jonction se fait au moyen de pinces enfermées dans un manchon B, une boîte à coupe-circuit permet de supprimer tout courant dans l'immeuble, s'il s'agit d'un abonné les câbles de branchement sont réunis à une colonne montante, à chaque étage on prend des dérivations par l'intermédiaire de boîtes scellées avec coupe-circuit. Nous rappelons ici l'importance de l'appareil de mise à la terre du circuit de basse tension, qui évite le grand danger d'électrocution, qui peut se produire quand un défaut d'isolement se produit dans le transformateur entre la haute et la basse tension.

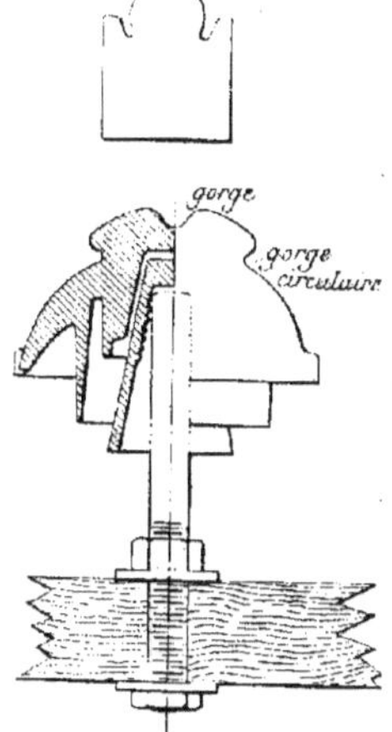

Fig. 18.

Ce service doit encore s'occuper des isolateurs et doit remplacer les isolateurs avariés, les câbles présentant un défaut d'isolement en faisant au besoin emploi de manchons de jonction, il doit s'assurer du serrage des contacts.

La figure 19 donne une idée du genre de travail dans le cas des lignes aériennes à haute tension.

Nous rappelons à ce sujet qu'il faut un espacement de 50 centimètres entre fils et poteaux au moins dans le cas des hautes tensions.

Fig. 19.

Magasin. — Le chef magasinier établit les demandes d'approvisionnement pour les soumettre au Directeur, en indiquant autant que possible sur un bon régulier le restant en magasin, ce bon doit aussi indiquer la nature et les quantités demandées ; lorsque les factures des fournisseurs sont envoyées à l'usine pour vérification le chef magasinier entre les marchandises en magasin sur son livre d'entrée, ces marchandises sont ensuite sorties par les chefs de service qui laissent au magasinier un bon approuvé par le Directeur, bon servant de reçu ; tous les mois le chef magasinier fait un relevé des sorties faites dans le mois et le remet au service de la comptabilité qui le porte au débit des différents services et au crédit du magasin. Le magasinier est responsable des chiffres qu'il porte aux entrées et sorties, les quantités réelles trouvées en magasin à l'inventaire de fin d'année doivent être égales à la différence entre les entrées et sorties, il est donc en quelque sorte responsable du manquant, la réception des marchandises, au point de vue qualité exige la présence d'un chef du service technique.

Comptabilité de l'usine. — Ce service porte tous les mois comme dépense d'exploitation au débit de comptes intéressés, le relevé des sorties de magasin, les dépenses, le salaire du personnel, les indemnités pour blessure dans le service, etc., plus les dépenses d'entretien; les sommes reçues des clients sont naturellement portées à leur crédit pour balancer les kilowatts-heure et autres fournitures portés à leur débit.

L'argent reçu en caisse est porté au débit du compte caisse et les versements dans les sociétés de crédit à son crédit, de même que les sommes payées.

Il est certain qu'il existe encore une infinité de dépenses comme dépense d'eau aux machines, impôts, patentes, indemnités aux villes imposées par les conventions et cahiers des charges, droits d'enregistrement, etc.

Service extérieur. — Après relevé au compteur ou d'après les conditions de la police signée par l'abonné, il fait percevoir les sommes à toucher après avis à l'intéressé, il s'occupe du recrutement des abonnés, partie très délicate; il y a lieu de faire à l'abonné un prix au kilowatt-heure d'après le service rendu et compatible avec les lois, conventions et règlement, mais laissant un bénéfice à l'usine électrique, ceci lorsqu'il ne s'agit pas d'un service de luxe, mais d'un commerce ou d'une industrie et encore y a-t-il lieu de distinguer pour le commerce, un grand café, un grand bijoutier, un commerce qui fait de grandes dépenses mensuelles regardera moins à un excédent de dépense d'éclairage, qui diminuera relativement peu son bénéfice, qu'un commerce ou une industrie, où l'éclairage entre dans une grande part pour les dépenses; pour ce dernier cas la question de commodité et de propreté interviendra peu.

Il y aura aussi à tenir compte pour des rabais sur le tarif maximum, de la puissance de l'installation et surtout de son degré, de sa durée d'utilisation. (Voir d'ailleurs à ce sujet prix de vente, prix de revient à la fin du fascicule). En résumé le rôle du service de recrutement consiste à indiquer au client, suivant sa nature, les avantages pécuniers, les rabais dont il peut profiter suivant les cas, les garanties, les commodités, les avantages au point de vue de la propreté et du luxe, son rôle est aussi de rechercher les personnes qui sont susceptibles de devenir des clients en raison des avantages ci-dessus indiqués. D'un autre côté il donne au Directeur tous les renseignements qui lui permettent de voir s'il y a intérêt à traiter avec le client en raison du prix maximum qu'il est susceptible de payer et du prix de revient du kilowatt-heure, amortissement compris des kilowats installés nécessaires à l'abonné.

Ce service doit prendre des garanties sur la solvabilité des clients et faire signer les polices par l'abonné.

Roulement du personnel. — En dehors du service de l'usine proprement dit, le personnel ne travaille pas le dimanche sauf quelques hommes de garde pour le service de la ligne aérienne et des canalisations, pour parer au plus pressé.

Il suffit pour cela de mettre en congé un jour quelconque de la se-

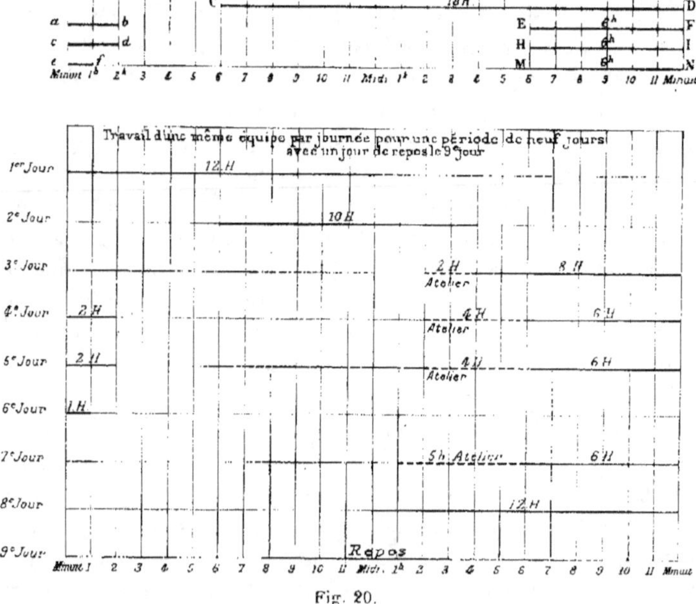

Fig. 20.

maine, qui précède les hommes de garde du dimanche et de numéroter par équipe, de façon que la 7e équipe qui vient d'être de garde, devienne la 1re, que la 1re devienne la 2e et ainsi de suite.

Pour le service des unités électrogènes il y a lieu d'établir un tableau *de roulement* comme celui que nous indiquons suivant le nombre de machines et leurs heures de service.

Dans la partie supérieure du tableau nous voyons que le nombre d'heures de travail demandées par le service en un jour est

$$AB + CD + EF + HI + MN + ab + cd + ef$$
$$= 24 + 18 + 16 + 6 + 6 + 2 + 2 + 1 = 65 \text{ heures}$$

65 heures de travail par jour constituent donc la 1re donnée du problème, les autres données, étant dans le cas que nous nous sommes proposé une durée maxima de travail de 12, une durée moyenne de 10 heures avec un repos de 12 heures au minimum entre 2 périodes de travail et un repos d'un jour complet par période de 9 jours. Il s'agit d'avoir le nombre d'équipes pour assurer le service et leur durée de travail chaque jour. La partie inférieure du tableau indique une solution du problème donnant le nombre d'heures de travail de chaque équipe par jour, pour une période de 9 jours, ainsi que le nombre d'équipes nécessaires chaque jour avec sa répartition des heures de travail. Nous voyons ici qu'il y a 9 équipes dont une en repos chaque jour. Nous voyons aussi que si nous obtenons 65 heures de travail par jour, la Compagnie aura à payer 7 journées, et comme elle a droit dans ce cas à 70 heures, elle pourra faire faire 5 heures d'atelier à la 9e équique ce que nous avons indiqué par le trait — — — —.

Il faut remarquer ici qu'il serait possible de faire faire une journée d'atelier de plus ainsi que l'indiquent les lignes. . . . .

Nous avons pris un cas tout à fait arbitraire pour traiter la question, cas que l'on peut résoudre par d'autres solutions.

En France le repos sera autant que possible le 7e jour au lieu du 9e, en raison de la loi sur le repos hebdomadaire ; on cherchera alors à résoudre le problème avec 7 équipes, dont une en repos ou par groupe de 7, s'il en est autrement on sera amené à donner plus de congé que ne le comporte le repos hebdomadaire ou à faire faire plus d'heures à l'atelier.

Usine hydraulique. — *Préliminaires.* — Tout en renvoyant aux fascicules précédents pour plus amples détails sur l'aménagement des chutes, nous rappelons qu'on obtient la chute nécessaire au fonctionne-

Fig. 21.

ment d'une usine hydraulique, en barrant le cours d'eau de façon à produire un gonflement des eaux à l'amont.

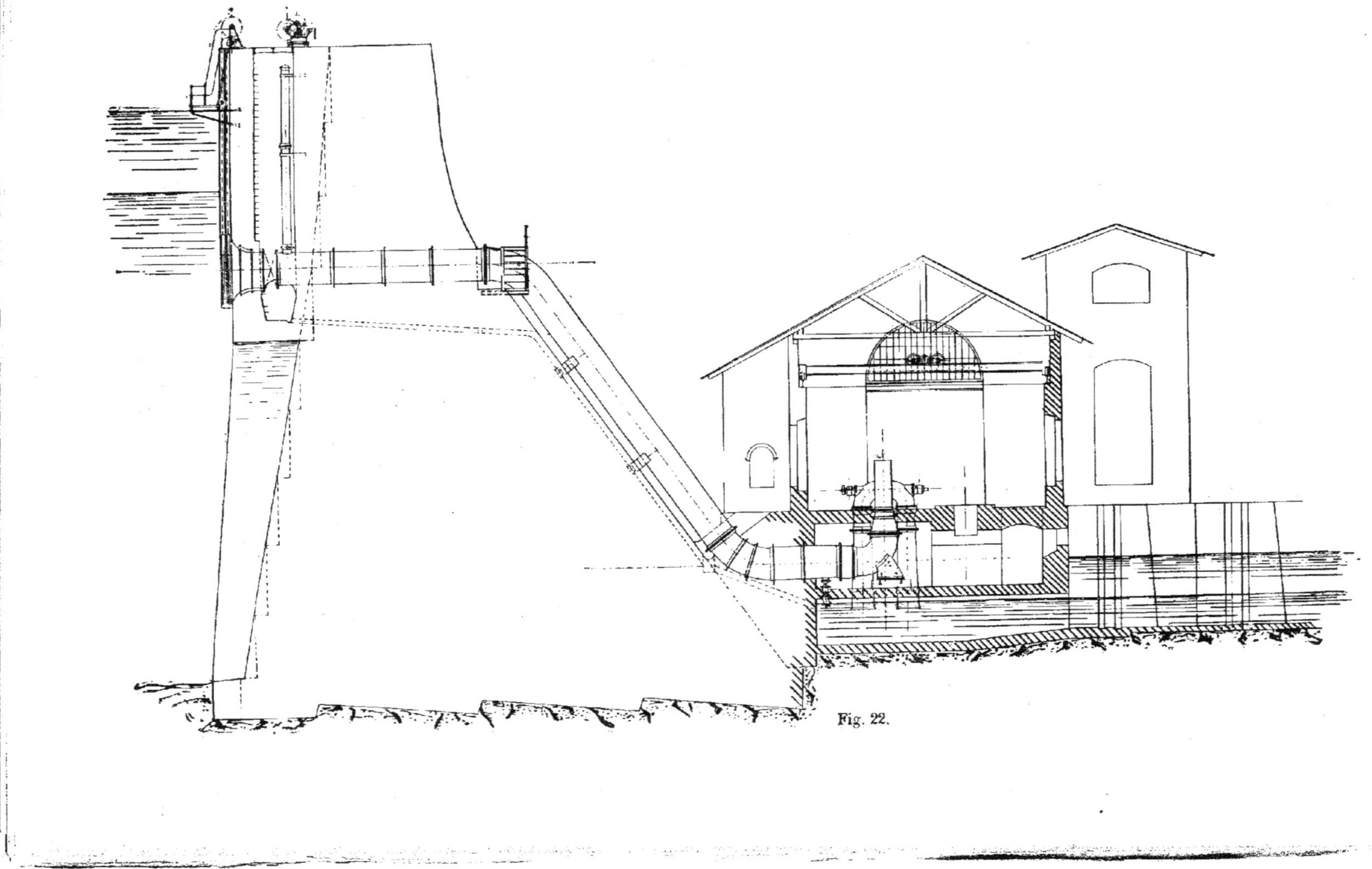

Fig. 22.

Dans les pays de montagne où la rivière se trouve encaissée dans des vallées profonde et sinueuses il suffit de construire un barrage, autant que possible à l'endroit où la vallée est la plus profonde, de façon à créer un lac de retenue en amont du barrage pour avoir une hauteur de chute suffisante, c'est le cas de l'installation hydro-électrique de la Compagnie du gaz de Clermont-Ferrand sur la Sioule (voir figure 21) ; les tuyaux d'amenée aux turbines sont pris directement dans la maçonnerie ainsi que l'indique la figure 22.

Pour les pays de plaine on ne peut créer ainsi une chute de hauteur

Fig. 23. — Bassin de retenue de 70.000 mètres cubes pour amortir les variations journalières du débit.

suffisante, le barrage ne peut dépasser une certaine hauteur sans crainte d'inonder les riverains. En amont du barrage de retenue il y a toujours dans ce cas un canal de dérivation (canal d'amenée), dont la prise d'eau se fait dans la rivière au moyen d'un système de vannes placé à l'origine du canal d'amenée (voir la figure 25 et 26), à la suite du canal d'amenée se trouve généralement la chambre d'eau qui permet la décantation des

Fig. 21. — Chambre d'eau et conduite forcée allant à l'usine, (installation Engelberg-Lucerne);
Lu chambre d'eau que l'on voit en haut reçoit par un canal souterrain l'eau venant du bassin
de la figure 23.

Fig. 25.

Fig. 26.

eaux, elle contient les amorces des conduites d'admission, à l'extrémité de ces dernières sont montées des vannes de réglage et de décharge : la hauteur de chute utile est comprise entre la chambre d'eau et le niveau du canal de fuite, le canal d'amenée ayant toujours une pente assez faible.

Le canal d'amenée peut être sous tunnel ou à ciel ouvert.

Matériel et personnel. — Pour les faibles chutes ne dépassant pas 50 mètres, on emploie les turbines axiales et les turbines mixtes ou les turbines radiales centripètes, afin d'utiliser l'action de la force centrifuge comme régulation des variations brusques de vitesse, dans le cas où la charge varie. Pour les hautes chutes, en raison de la faiblesse du débit par rapport à la puissance, il est avantageux d'employer les turbines radiales centrifuges, avec le dispositif à injection partielle de Girard perfectionné par M. Léauté.

Personnel. — Le rôle du personnel pendant la période d'exploitation consiste dans le réglage des vannes placées, soit à l'entrée du canal d'amenée, soit à l'entrée des déversoirs ; il consiste également à visiter et entretenir en bon état les divers ouvrages hydrauliques, surtout après les périodes de crues (conduites forcées, bassin de décantation).

Nettoyages des grilles. — Les grilles préviennent l'introduction des corps étrangers dans les turbines ; il y a lieu de les nettoyer souvent. Pour une même puissance les basses chutes exigent un personnel plus nombreux en raison de l'entretien du canal d'amenée et des conduites (fuites aux joints ou aux conduites) ; au point de vue turbine les fonctions du personnel restent à peu près les mêmes pour tous les genres d'usines ; ce personnel est en général moins nombreux que pour les usines à vapeur de même puissance ; un conducteur peut conduire et surveiller à la fois deux ou trois turbines, en raison des avantages signalés déjà au sujet des turbines à vapeur et de l'absence d'appareils de condensation, de pompes de circulation, de fuite de vapeur, d'échauffement et de condensation qui se produit surtout dans le cas des machines à piston. Pour la mise en marche, il faut introduire graduellement l'eau à l'aide de la vanne d'admission. Pour l'arrêt, il faut éviter les fermetures trop brusques en raison des coups de béliers qui peuvent se produire.

Lorsque le débit varie, il faut faire varier, à l'aide du vannage, le débouché de l'eau dans la turbine, de façon à marcher à la même vitesse car le débit est $L = \omega V$.

En outre, il faut remarquer que malgré le réglage automatique de la vitesse, les turbines radiales centrifuges s'emballent, si on vient à supprimer brusquement la charge, il y aura donc lieu dans les manœuvres d'en tenir compte.

Il est intéressant de remarquer par contre que dans le cas des turbines Francis à réaction radiale et à injection centripète, à aubes directrices mobiles, la variation de vitesse est très faible.

Ainsi pour une variation successive de pleine charge à la marche à vide, la variation du nombre de tours est de 2 % au maximum et il faut remarquer aussi que pour les turbines d'excitatrices le réglage de vitesse se fait en général à la main, il y a lieu d'éviter les coups de béliers.

Pour une variation brusque de 50 % la variation de vitesse est de 5 %. Les rendements varient peu pour ces turbines avec l'admission.

Comme entretien et visite, il y a lieu surtout de les faire porter sur la couronne mobile qui demande quelquefois des réparations.

Pour les autres services c'est à peu près comme pour les usines à vapeur, avec cette différence qu'en général l'atelier de réparation est plus important, si on est loin de tout centre, que l'énergie est plutôt employée comme force motrice, et que le transport est en général à voltage plus élevé.

Dans ce dernier cas le service technique s'occupe du réseau primaire, et le service commerciale du réseau secondaire basse tension.

Dispositif pour utilisation intégrale de chute. — Le débit de puissance fourni par une centrale à ses clients variant avec les heures de la journée, il en résulte que le facteur de charge ou rapport de la puissance moyenne à la puissance maxima installée peut donner lieu à des dépenses très fortes du cheval installé. Les courbes de la page (52) nous montrent d'ailleurs qu'au-dessous de $\dfrac{20}{100}$ l'usine à vapeur est plus avantageuse que la chute d'eau ; ces courbes nous indiquent que le coût par an du cheval installé dans le cas d'une chute d'eau varie peu quand le coefficient augmente. D'autre part, comme le prix de vente du cheval installé augmente rapidement avec son utilisation, on voit tout l'avantage qu'il y a à augmenter ce coefficient dans le cas des usines hydrauliques et par conséquent à chercher l'utilisation intégrale de l'énergie que peut donner la chute.

On voit par exemple que si la surface du rectangle ABCD représente l'énergie totale, que peut fournir la chute en 24 heures, on pourra arriver

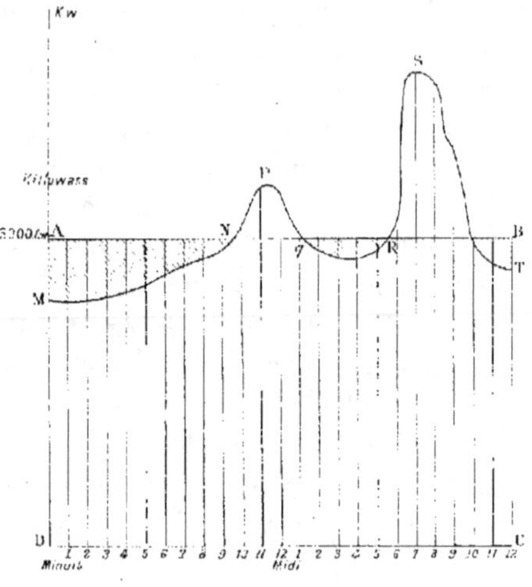

Fig. 27.

à l'utilisation intégrale si la courbe de débit fourni au client est telle que la surface comprise au-dessus de cette courbe MNPGRST est égale à la surface du rectangle ABCD ou 24 × 3000 kilowatts-heure et si l'on accumule les quantités d'énergie excédentes à certaines heures pour les rendre au moment où la puissance fournie pour la chute est insuffisante.

C'est d'ailleurs un problème analogue à celui de l'emploi des accumulateurs électriques dans les usines à vapeur. Il semble donc naturel d'y avoir recours dans le cas actuel, mais il faut remarquer qu'en général la durée de décharge sera ici beaucoup plus faible que la durée de charge à cause des pointes de courte durée.

Le rendement sera d'ailleurs en général mauvais. Il est préférable d'emmagasiner le débit excédent d'eau aux heures de faible charge pour le rendre aux heures de forte charge ; dans le cas de l'usine sur la Sioule qui est encaissée entre de hautes collines, il a suffi de barrer la rivière pour obtenir un lac de retenue de $7^{km},500$ avec une largeur moyenne de 150 mètres. D'une façon générale il suffit d'augmenter la hauteur du barrage de retenue, autant qu'on le peut pour augmenter la réserve d'eau, mais lorsque le canal d'amenée est long il est préférable d'obtenir un réservoir près de l'usine de façon à diminuer la largeur du canal d'amenée au moment du fort débit.

Il peut arriver que près de l'usine il y ait un encaissement entre collines qu'il suffira de barrer en *mn* pour avoir un bassin de retenue

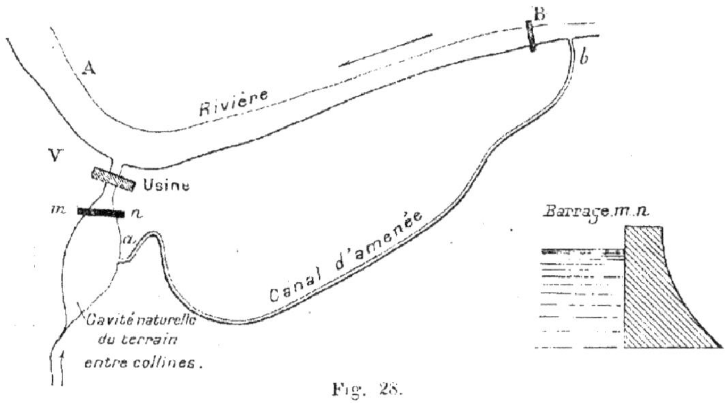

Fig. 28.

important ; il peut également y avoir une échancrure dans les rives du canal d'amenée.

La figure 29 montre un bassin BN de retenue, obtenue en utilisant d'un côté la paroi de la montagne en rocher et en fermant l'autre côté par un barrage ; ce bassin peut être alimenté soit par un lac supérieur L. soit par un canal de dérivation de la rivière, soit par la pluie. Un lac placé près du canal d'amenée peut servir de bassin de réserve, on peut aussi augmenter son volume de retenue à l'aide de barrage placé près de son débouché. Si les bords latéraux du lac sont dépassés par le niveau de l'eau ainsi relevé, on construira des murs sur le côté du lac. En général pour obtenir l'utilisation intégrale, il faudra compléter par un barrage les dispositions naturelles du terrain pour l'établissement d'un bassin de réserve.

Ce bassin servira non seulement comme régulateur du débit journalier à distribuer à l'usine, mais permettra aussi d'emmagasiner les chevaux

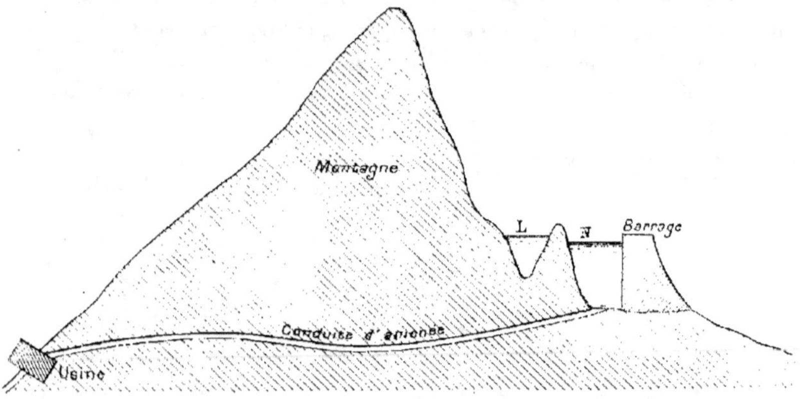

Fig. 29.

périodiques fournis par le cours d'eau, de façon à assurer le service pendant les périodes d'étiages. Il est intéressant de remarquer que pour une chute de même puissance, la dépense nécessaire à l'emmagasinement d'un certain nombre de chevaux sera d'autant plus faible que la hauteur est grande.

Les barrages destinés à compléter les dispositions du terrain, pour obtenir un bassin, coûtent environ 25 francs du mètre cube de maçonnerie. Lorsque le terrain ne s'y prête pas, il y a lieu de construire un véritable réservoir en maçonnerie, dont le coût est donné approximativement par *les courbes* de la figure 30.

Ces courbes nous montrent que pour une hauteur de 100 mètres de chute par exemple, il faudra un réservoir de 3600 mètres cubes pour emmagasiner 1000 chevaux-heure, tandis qu'avec une hauteur de

300 mètres on aura la même capacité pour emmagasiner 2000 chevaux-heure.

Le coût de réservoir artificiel devient donc très grand, lorsqu'il s'agit de grandes réserves à établir, aussi n'emploie-t-on ces réservoirs artificiels que pour passer des pointes de durée pas trop longue. C'est le cas d'une usine hydraulique de 3000 kilowatts de puissance qui fournira

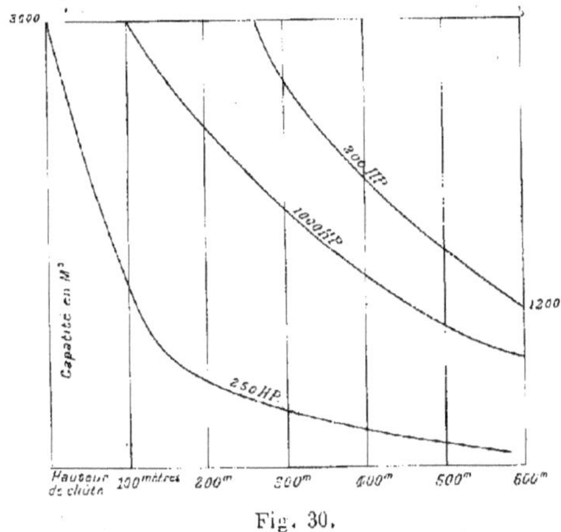

Fig. 30.

une partie variable, plus une partie à peu près fixe à une usine d'électro-chimie par exemple. Le réservoir ne servira que pour passer la pointe N, il sera d'ailleurs d'autant plus petit que l'usine de produits chimiques pourra diminuer sa production au moment de la pointe. (Voir fig. 31).

En pareil cas on pourrait employer une machine à vapeur permettant de passer les pointes et de remplacer les chevaux périodiques manquant aux basses eaux, il y a là des questions de durée, d'utilisation de matériel et de personel qui varient suivant les cas.

On a imaginé un troisième procédé, qui paraît paradoxal au premier abord et qui consiste à refouler à l'aide d'une pompe actionnée par une turbine, l'eau dans un bassin placé beaucoup plus haut que le niveau d'amont ; ce procédé malgré les pertes mécaniques qui résultent de son emploi, présente de grands avantages, puisqu'en élevant l'eau à une grande hauteur, il permet de diminuer les capacités du bassin et d'obtenir les avantages des chutes de grande hauteur. Il faut cependant remarquer que si le prix du bassin diminue quand la hauteur augmente, c'est l'inverse pour le prix des conduites de refoulement et d'amenée.

Aussi n'y a t-il pas d'avantage à dépasser 400 mètres au-dessus du niveau d'amont, l'emploi de ce système est d'ailleurs d'autant plus avantageux que la chute est basse.

Un autre avantage du système consiste à employer à l'aide de disposi-

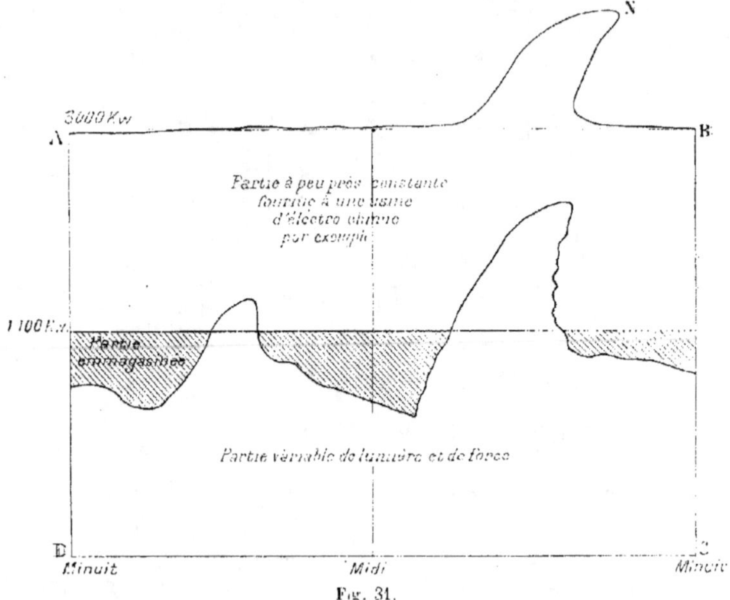

Fig. 31.

tions spéciales le même matériel turbine et générateur, pour emmagasiner l'énergie et la rendre.

Il faut remarquer que, dans les autres systèmes, l'utilisation du matériel mécanique électrique n'est pas augmentée; cette utilisation est augmentée seulement pour le matériel hydraulique; aussi doit-on chercher à fournir une partie de l'excédent disponible à une usine de produits chimiques, autant que possible parce qu'elle n'est pas forcée de produire une production constante par heure.

Il faut remarquer aussi, que dans le cas des hautes chutes, il y a avantage à emmagasiner les chevaux périodiques pour vendre aux usines placées près de la chute et non aux villes situées en général à grande distance [lumière, traction], tandis que dans le cas des basses chutes situées en plaine près des villes cet avantage n'existe plus.

Prix de revient de l'énergie électrique. — Nous avons vu, qu'au point de vue statistique, il était intéressant surtout d'avoir le prix de revient du kilowatt-heure rendu chez l'abonné, en divisant les dépenses totales d'exploitation, plus l'amortissement du capital 1ᵉʳ établissement par an, par le nombre de kilowatts-heure consommés par les abonnés pendant l'année.

Il est intéressant de connaître aussi la dépense 1ᵉʳ établissement par kilowatt installé qui avec la durée d'amortissement en détermine le taux.

Nous commencerons par étudier cette dernière dépense.

Dépense. — Pour les usines à vapeur, la moyenne établie sur un grand nombre d'usines donnerait 1 500 francs au kilowatt installé répartis comme suit :

Moteurs et chaudière.	425 francs
Matériel électrique d'usine	325 —
Maçonneries et terrain	250 —
Réseau de distribution y compris branchement et compteurs.	500 —
	1 500 francs

Ce prix varie nécessairement avec la puissance de l'usine installée, le prix du terrain, la vitesse des machines, leur encombrement ; il est intéressant de remarquer à ce sujet que l'encombrement des turbines à vapeur égale le $\frac{1}{3}$ d'une machine horizontale de même puissance. (Voir fig. 32).

Usine hydraulique. — Le prix de revient au kilowatt installé est encore beaucoup plus variable, car il dépend de la longueur du canal d'amenée et des travaux hydrauliques, en plus du matériel d'usine, ligne et sous-station.

Ainsi pour les basses chutes, les travaux hydrauliques reviennent en moyenne, à 600 francs par cheval compté sur l'arbre de la turbine alors

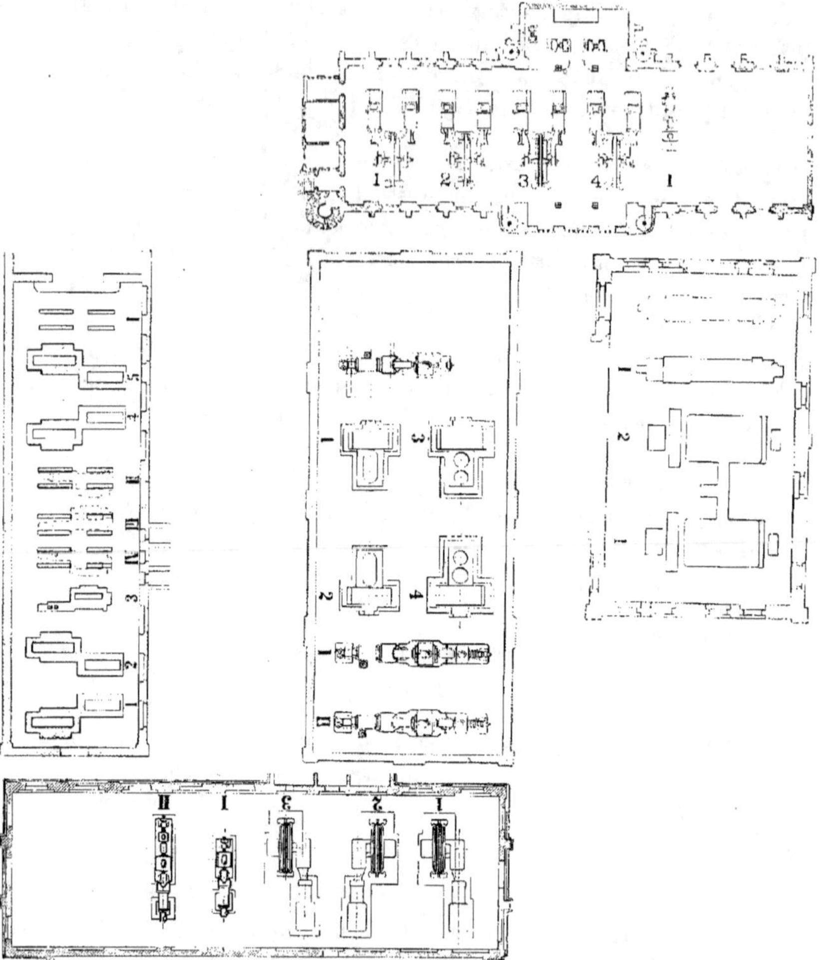

Fig. 32. — Les chiffres romains indiquent les turbines, les chiffres ordinaires les machines à piston de même puissance.

qu'ils ne reviennent qu'à 200 francs pour les hautes chutes. C'est ainsi qu'il existe des usines où pour 1 200 kilowatts installés (industriel) la

dépense des travaux hydrauliques est de 600 000 francs, pour une dépense
totale d'installation de 1 000 000 de francs ; or comme cette dépense est
excessivement variable avec la longueur du canal, sa section et la nature
des lieux, on voit quel rôle elle peut jouer dans une dépense 1ᵉʳ établissement.

Il est intéressant de remarquer aussi que les turbines pour petite
chute coûtent plus cher à cause de la diminution de vitesse angulaire à
puissance égale, que deux turbines reviennent 20 °/₀ plus cher qu'une
seule pour petite chute et 50 °/₀ plus cher pour grande chute.

Remarque. — Jusqu'ici nous avons considéré aussi bien pour les
usines à vapeur que pour les usines hydrauliques le prix de revient par
kilowatt installé à l'usine génératrice compté au tableau ; or il est intéressant pour les usines à vapeur de distinguer ce prix de celui par rapport au kilowatt installé au point terminus d'arrivée (chez l'abonné par
exemple). Pour les usines hydrauliques on distingue deux prix de revient du kilowatt installé.

Le premier est le quotient des dépenses par le nombre de chevaux
disponibles sur l'arbre de la turbine, le second est le quotient des
dépenses par le nombre des kilowatts installés chez l'abonné.

Prenons par exemple l'usine de Champ dans l'Isère installée par la Cⁱᵉ
électro mécanique dont la dépense a été de 5 millions.

La puissance brute relative à une hauteur de chute de 32 mètres et à
un débit de 17 mètres cubes est de 7 200 chevaux, alors que la puissance
effective totale dont on peut disposer chez les abonnés est environ de
4 000 chevaux, à cause des rendements suivants :

```
Rendement des turbines  . . . .  76 °/₀  ⎫
    —      des alternateurs.  . .  94 °/₀  ⎪
    —      des transformateurs  .  97 °/₀  ⎬ Transport à 45 kilomètres
    —      de la ligne. . . . .    0,94    ⎪        sous 26.000 volts.
    —      des transformateurs et          ⎪
           ligne secondaire . .    0,50    ⎭
```

Ce qui donne un rendement de 58 °/₀ environ pour l'ensemble. D'où
résulte un prix de revient par cheval disponible sur l'arbre turbine
d'environ 550 francs, et de 1 200 francs par cheval disponible chez
l'abonné, tandis que pour l'usine de Chedde de 140 mètres de chute, le

kilowatt installé coûte 280 francs par suite de la consommation sur place.

En résumé, c'est la puissance utile qu'il faut surtout considérer lorsqu'on établit le prix de revient.

Remarque. — Nous voyons que dans ce prix interviennent comme nous l'avons déjà dit les travaux hydrauliques pour les usines hydrauliques, mais que d'autre part il n'y a pas de chaudière dans ces usines : de sorte qu'il y a en général compensation, quand le canal d'amenée n'est pas trop long par rapport à la hauteur de chute.

Cependant si l'on considère l'économie de matériel à vapeur que l'on a réalisée depuis quelques années grâce à l'emploi des grandes puissances, il semble résulter que là où il y avait équilibre de prix comme frais de premier établissement, l'usine à vapeur paraît plus avantageuse.

Avec l'emploi de la vapeur pour les puissances supérieures à 5 000 kilowatts, le kilowatt installé revient à moins de 600 francs alors que pour des usines hydrauliques existantes de même puissance le prix de revient est de beaucoup supérieur (réseau de distribution et de transmission non compris).

Par contre il faut remarquer que le taux d'amortissement des travaux hydrauliques et assez faible comme on le verra plus loin, et que l'amortissement qui en résulte est en général plus faible que la dépense combustible des usines à vapeur ; la dépense par an par kilowatt installé est aussi très variée pour le combustible. D'après une moyenne des usines allemandes les dépenses combustibles varieraient de 37 francs à 55 francs environ. Si on admet que l'intérêt est de 5 °/$_0$ et que l'amortissement travaux hydrauliques est de 3 °/$_0$, il faudrait une dépense de 700 francs par kilowatt installé relativement aux travaux hydrauliques pour donner un résultat équivalent.

En résumé, on voit qu'il y aura lieu de distinguer deux prix du kilowatt installé suivant qu'il s'agisse d'usines à vapeur ou hydrauliques comme prix maximum à ne pas dépasser, le capital de premier établissement devant être aussi faible que possible de façon à rapporter au moins 5 °/$_0$.

Prenons par exemple une usine électrique de 1 000 chevaux dont la dépense premier établissement se répartit comme suit :

Usine hydraulique	Dépense	Usine à vapeur	Dépense
Travaux hydrauliques . . .	600.000 fr	Chaudière.	400.000 fr.
Turbines	80 000 »	Cheminée.	200 000 »
Dynamos	200 000 »	Moteur à vapeur	100.000 »
Bâtiments et terrain. . . .	50 000 »		
Total	950 000 fr.	Total	700.000 fr.

Si nous supposons que cette usine marche à pleine charge pendant 10 heures, nous voyons que la production kilowatt-heure sera par an de

$$360 \times 1000 \times 10$$

si l'on admet que la dépense combustible est de 4 centimes par kilowatt-heure, on voit que la dépense combustible par an et par kilowatt installé sera de

$$\frac{360 \times 1000 \times 10 \times 0.04}{1000}$$

ou 144 francs par an ; ce chiffre représente à 8 °/₀ l'intérêt et amortissement d'un capital de 1 800 francs ou pour les 1 000 kilowatts 1 800 000. Nous voyons que dans ce cas l'usine hydraulique est de beaucoup plus avantageuse, mais il faut remarquer que nous avons pris une durée d'utilisation de matériel assez forte, puisque plus haut nous avons donné une valeur de la dépense de combustible par kilowatt installé de 37 à 55 francs au lieu de 144.

Cet exemple nous montre d'un côté l'importance de consommation combustible et la dépense relative aux travaux hydrauliques ; si l'on admet que dans le cas actuel la dépense du canal d'amenée est de 200 000 francs du kilomètre sans les barrages, prix d'ailleurs très variable, on voit que pour un canal de 15 kilomètres et une puissance utile de 1 000 kilowatts la vapeur serait plus avantageuse.

On peut admettre comme prix possible de canal d'amenée : 25 francs du mètre cube dans le cas du canal souterrain et 15 francs dans le cas où il est à ciel ouvert ; la dépense serait donc de 5×15 par mètre courant dans ce dernier cas ; mais la section s peut atteindre jusqu'à 120 mètres carrés, comme dans le cas du canal de Jonage près Lyon.

Nous donnons ci-dessous 2 courbes indiquant la dépense par an par cheval installé, en fonction du facteur de charge ou rapport de la puissance moyenne à la puissance maxima. Les dépenses comprennent la dépense combustible C, l'amortissement A, le personnel P et l'intérêt I.

Nous voyons sur les figures qu'au-dessous d'un facteur $\frac{20}{100}$ le prix de revient est plus avantageux pour l'usine à vapeur que pour l'usine

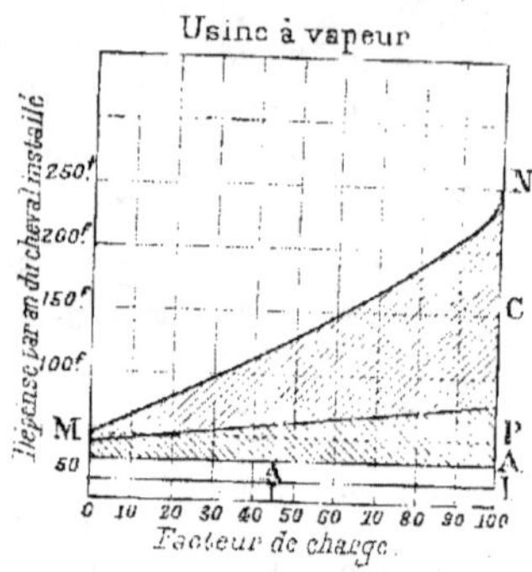

Fig. 33.

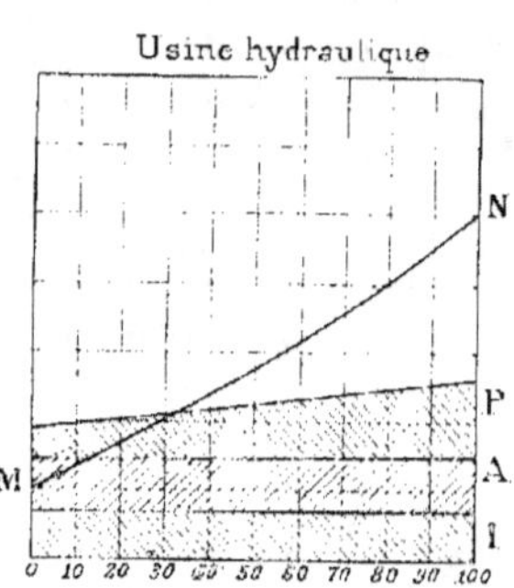

Fig. 34.

hydraulique, au-dessus de $\frac{20}{100}$ l'usine hydraulique est plus avantageuse. Ces courbes montrent l'influence de l'amortissement et intérêt du capital premier établissement.

Nous donnons ici la dépense moyenne de 112 usines allemandes (cours de M. Beck) par kilowatt installé et par an comprenant :

1° Combustible, 37 à 55 francs.

2° Graissage, 3,90 à 7,65.

3° Salaires, 33 à 74.

4° Entretien, 10 à 27.

5° Frais divers, 10,50 à 27.

Ces derniers prix dépendent naturellement des conditions locales et pour la plupart de la durée d'utilisation du matériel.

Durée d'utilisation moyenne. — Nous rappelons à ce sujet que l'on appelle durée d'utilisation moyenne le quotient du nombre de kilowatts-heure produits à la sortie de l'usine en un an par la puissance en kilo-watts de l'usine. Pour les usines de traction et de force cette durée est de 3000 heures en moyenne, pour les usines d'éclairage en moyenne de 800 heures.

(Voir plus loin, courbe d'exploitation, fig. 45). Voir les fascicules 36, 37 au sujet premier établissement.

Prix de revient au kilowatt heure. — S'il est intéressant pour se rendre compte d'une affaire de ramener les dépenses premier établisse-ment au kilowatt installé, il est préférable de ramener les dépenses d'exploitation y compris l'amortissement et l'intérêt au kilowatt-heure de consommation utile par le client.

Cette dépense est égale au quotient de la dépense annuelle par le nombre de kilowatts-heure consommé par les clients, les kilowatts-heure consommés étant la différence entre ceux produits à l'usine et ceux perdus dans le transport provenant :

1° Des fuites ;

2° De l'énergie transformée en chaleur :

3° Les erreurs de compteurs ;

4° Du rendement des transformateurs d'abonnés ;

5° De l'excédent d'énergie fournie au client si le prix est fait par lampe-heure, parce que en certains points on est obligé d'avoir une tension plus forte que la tension théorique.

Prix de revient du kilowatt-heure produit à l'usine. — Le prix de production est essentiellement variable, il dépend du rendement de l'ins-tallation et par conséquent de la conduite des feux, et du rendement du matériel, du graissage et salaires payés à l'usine.

Ainsi dans les usines puissantes à vapeur comme celle de St-Denis (usine de plus de 30 000 kilowatts) les dépenses se répartissent à peu près comme suit par kilowatt-heure.

Combustible :

```
En moyenne . . . . . . . . . . 1,25 kg. × 0,027 fr. = 0,035  fr.
Frais de personnel . . . . . . . . . . . . . . . . = 0,001  »
Huile graissage . . . . . . . . . . . . . . . . . = 0,0006 »
Lavage . . . . . . . . . . . . . . . . . . . . . = 0,007  »
Entretien et réparation . . . . . . . . . . . . . = 0,01   »
                                                  ───────────
                                                    0,053  fr.
```

Si au contraire nous prenons un type d'usine de 800 kilowatts par exemple où la puissance est divisée par groupe de 200 kilowatts, nous trouvons pour les usines de type ancien :

Dépense par kilowatt-heure :

```
Combustible.  . . . . . . . . . . . . . . . 3,5 kg. × 0,031 = 0,1085
Personnel . . . . . . . . . . . . . . . . . . . . . . = 0,10
Huile . . . . . . . . . . . . . . . . . . . . . . . . = 0,005
Lavage. . . . . . . . . . . . . . . . . . . . . . . . = 0,007
Entretien, réparation . . . . . . . . . . . . . . . . = 0,02
                                                        ________
                                                         0,240
```

Nous voyons d'après ces exemples que le rendement et les frais de personnel influent beaucoup sur ce prix de revient.

Dans ces usines c'est l'emploi des turbines qui paraît procurer ce bon rendement.

Le bon rendement des turbines à vapeur de grande puissance, lorsque le vide est très bon, provient : 1° de la détente qui est de 140 au lieu de 14 avec les machines à piston ; en outre ce rendement est à peu près le même en marche normale qu'aux essais, parce qu'il y a moins de fuite de vapeur et que le graissage est toujours parfait, l'huile étant fournie par une pompe centrifuge actionnée par l'arbre et refroidie une fois passée sur les paliers au moyen d'un serpentin placé dans une boîte à circulation d'eau froide. En outre comme il n'y a pas de graissage de vapeur, l'eau de condensation peut être réutilisée comme eau d'alimentation, sans qu'on soit obligé d'avoir recours à des procédés d'épuration compliqués et entraînant une perte de chaleur.

On conçoit également que les frais de graissage sont moindres pour les raisons citées ci-dessus et parce qu'il n'y a pas d'entraînement d'huile au condenseur ; pour les mêmes raisons et aussi parce qu'il y a ni presse-étoupe, ni garniture, ni segment, l'entretien est réduit.

Quant à la réduction de personnel, elle provient de l'emploi des grosses unités et de l'emploi des appareils de manutention mécanique, on compte 1 homme par 1 000 chevaux pour les très grandes centrales.

On peut se rendre compte des progrès faits dans le rendement par les tableaux ci-dessous grâce à l'emploi des grosses centrales en Allemagne.

	Usines allemandes			Usines de Berlin		
	1901	1902	1903	1900	1902	1903
Watts-heure produits par calorie. . .	0,064	0,068	0,07	0.084	0,103	0,109
Watts-heure utiles distribués par calorie.	0,051	0,057	0,062			

Le tableau ci-dessous indique les progrès accomplis en Allemagne pour le prix de revient direct du kilowatt-heure comprenant les dépenses combustible, graissage et salaires.

	1903	1906	en 0/0	
	centimes	centimes		
Aix-la-Chapelle	7.7	6,2	19	
Barmen	11,9	9,2	23	Salaires
Cologne	5,1	4,7	9	Combustible
Dusseldorf	7,7	7	10	Graissage
Ebherfeld	5,8	5,1	10	
Hanovre	11,1	10,5	5	

D'ailleurs en Allemagne on a relevé pour 1903 que les frais directs de production par kilowatt-heure étaient les suivants :

Pour des puissances supérieures à 5000 kw . . . . 12,5 cent.
Pour des puissances inférieures . . . . 16,5 »
Pour des puissances intérieures à 100 kw 25

Il y avait aussi des stations où le prix était supérieur à 25 centimes et d'autres où le prix était inférieur à 12^{cent},5, c'est ainsi qu'à Dantzig le prix était de 32 centimes et en Haute Silésie de 5^{cent},6. Dans le cas des usines hydrauliques si on ne considère que les salaires, graissage et entretien, la dépense par kilowatt-heure produit serait environ de 2 centimes.

Nous croyons intéressant de faire remarquer que dans les pays voisins des mines, comme le nord de la France, plusieurs villes d'Amérique, d'Allemagne et d'Angleterre, le charbon est beaucoup moins cher qu'à Paris où d'ailleurs les droits d'octroi comptent environ pour $\frac{1}{3}$ du prix du charbon.

Prenons 2 exemples : A Paris, le charbon industriel peut revenir jusqu'à 30 francs la tonne, alors que dans certaines contrées d'Amérique, il peut revenir à 7,50.

L'emploi du gaz pauvre diminue les frais directs de production et permet d'obtenir pour le kilowatt-heure un prix inférieur à 3 centimes pour des puissances suffisantes.

Prix de revient du kilowatt-heure de consommation utile. — La consommation utile résulte des chiffres accusés par les compteurs ou de la consommation théorique des lampes, elle est en moyenne de 80 % de l'énergie produite et varie avec la perte en ligne et le rendement des transformateurs et sous-stations.

Nous donnons ci-dessous le tableau relatif à l'usine des Halles indiquant le rapport des kilowatts-heure utiles à ceux produits.

Répartition de la production

Années	Consommation utile pour l'éclairage public et privé	Consommation pour le service intérieur de l'usine	Pertes	Total de la production
	kilowatts-heure	kilowatt-heure	kilowatts-heure	kilowatts heure
1890	452 143	23 000	25 962	501 105
1891	686 831	23 000	130 041	839 872
1892	743 340	23 000	202 633	969 003
1893	780 388	22 000	227 871	1 031 259
1894	767 632	50 120	199 613	1 017 266
1895	780 397	66 695	181 865	1 028 957
1896	742 369	76 147	129 873	948 389
1897	910 517	78 156	152 162	1 110 835
1898	1 032 265	89 228	207 627	1 329 120
1899	1 090 061	97 707	288 661	1 476 429
1900	1 343 386	129 504 (a)	216 845	1 689 739
1901	1 313 402	137 084	197 556	1 648 042
1902	1 311 501	138 445	168 432	1 618 378
1903	1 292 751	142 165	176 764	1 611 680
1904	1 340 552	133 416	163 756	1 637 724
1905	1 277 551	196 042 (b)	154 914	1 628 507

Si les frais directs de production du kilowatt-heure produit à l'usine

sont de 10 centimes, ceux par kilowatt-heure de consommation utile en
tenant compte seulement des mêmes dépenses seront de 13 centimes.

Le prix de revient en tenant compte des dépenses d'exploitation sera
donc, dans ce cas, par kilowatt-heure de consommation environ de 13 centimes plus environ 11 centimes représentant le prix de revient de transport et consommation, le total sera donc dans ce cas de 24 centimes.

Prix total de revient. — Il convient d'ajouter encore à ces dépenses,
les frais généraux, les taxes municipales et les charges du capital rela-
tives à l'intérêt et amortissement du capital de 1er établissement. Dans
beaucoup d'exploitations on compte en moyenne 11 centimes pour frais
généraux et 11 centimes pour amortissement et intérêt.

Ce sont là des choses encore très variables, qui dépendent pour les
premiers d'une question d'administration et pour les seconds du prix
du kilowatt installé, ainsi que de la durée d'utilisation du matériel, car il
faut remarquer que si la durée du matériel diminue, quand la production
augmente, c'est d'une très faible quantité; l'usure du matériel influence
plutôt les dépenses d'entretien que la durée. Il faut remarquer cependant que l'on choisit des machines plus coûteuses de construction, mais
plus économiques d'exploitation, lorsqu'elles travaillent un très grand
nombre d'heures dans l'année, il en résulte que si le taux d'amortissement et l'intérêt augmentent les dépenses d'exploitation diminuent.

On admet d'ailleurs en général comme durée du matériel :

10 ans pour les chaudières ;

15 ans pour les machines ;

30 ans pour les canalisations ;

50 ans pour les bâtiments ;

avec les pourcentages suivants comme taux de l'installation correspon-
dante :

Machines et chaudières.	6 %
Dynamos et transformateurs.	7 %
Turbines hydrauliques.	5 %
Travaux hydrauliques.	2 %
Accumulateurs électriques.	10 %
Cuivre des lignes.	2 %
Câbles souterrains.	4 %
Poteaux.	5 %
Outillage.	10 %

Dans le cas des turbines à vapeur, les progrès accomplis ont permis de diminuer l'entretien et d'augmenter la durée; après 20 ans de marche, les aubages de la turbine Parsons sont en parfait état par suite de la répartition du travail sur un très grand nombre d'ailettes, environ 30 000 aubes pour une machine de 2000 chevaux.

Le petit nombre de pièces en frottement, le mode parfait de graissage,

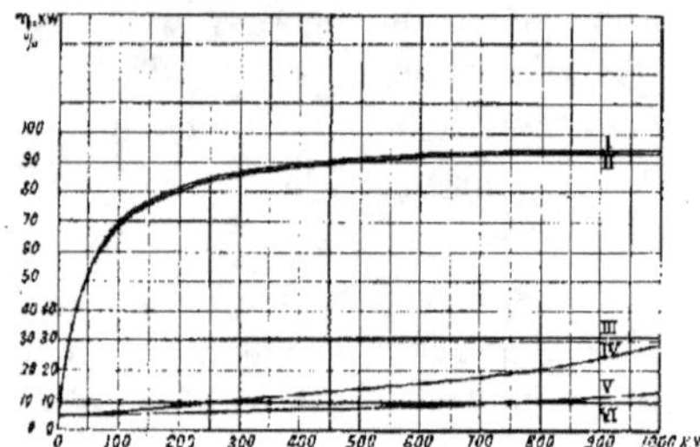

Fig. 35. — Courbe du rendement et perte, alternateur de 1 000 kw.

la pression de l'aube sur les coussinets amortie par les matelas d'huile diminuent beaucoup les causes d'usure.

Pour l'installation totale, le taux d'amortissement est en moyenne

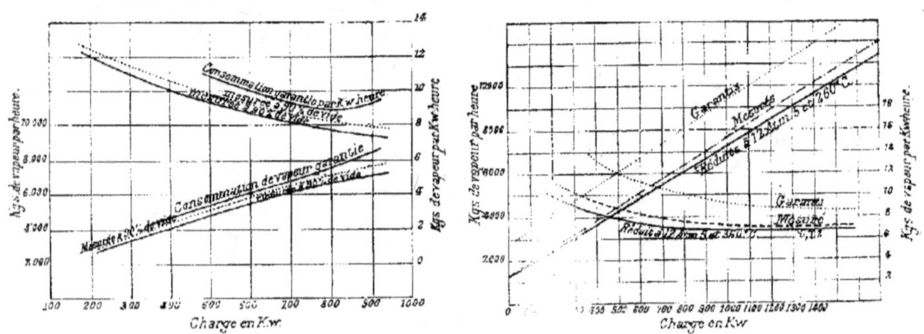

Fig. 36 et 37. — Courbe de consommation de vapeur (Turbine).

de 5 % pour un amortissement en 20 ans et le taux d'intérêt 3 %, ce qui correspond en moyenne à une charge de 11 centimes par kilowatt-heure consommée pour les usines à vapeur, tandis que dans le cas d'usines hydrauliques avec haute chute et emploi sur place, cette charge correspond à 2 centimes dans certains cas.

En résumé, le prix total de revient dépend du régime de l'usine, de sa puissance, des pertes et des conditions de 1er établissement.

Pour une même puissance, une marche régulière, avec un grand degré d'utilisation répartit les frais généraux, l'amortissement et intérêt, et les dépenses d'exploitation sur un plus grand nombre de kilowatts-heure;

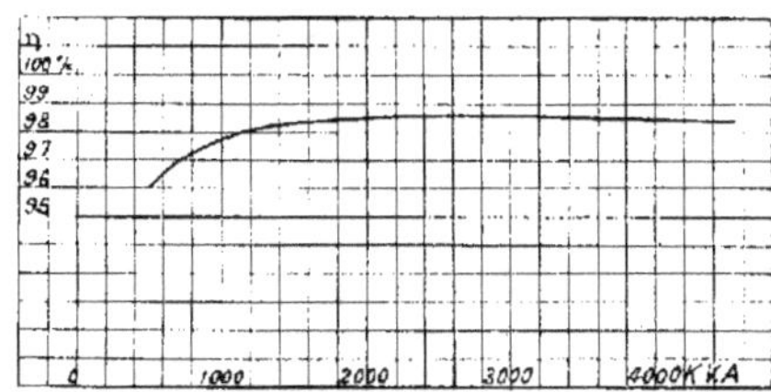

Fig. 38. — Rendement transformateur, 2 750 KVA.

elle augmente également le rendement comme on le sait (voir d'ailleurs courbes de rendement ci-contre).

D'ailleurs le rendement du matériel électrique est

$$\rho = \frac{1}{\dfrac{m}{P} + 1 + aP}.$$

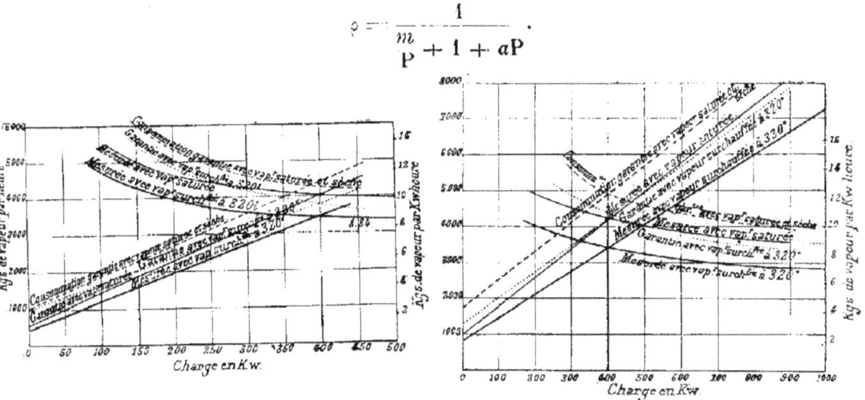

Fig. 39 et 40. — Courbes de consommation. Turbine (Brown-Boveri).

Dans cette formule m et a sont des constantes et P la puissance, il en résulte que ce rendement au lieu d'être de 85 % descend beaucoup plus bas; pour les chutes il est souvent tout au plus de 50 % de l'énergie fournie par la chute.

Dans le cas d'usines à vapeur modernes de grande puissance, la consommation de vapeur par kilowatt-heure varie de 6 à 8 kilogrammes, suivant qu'on marche à charge normale ou à demi-charge.

L'importance de la puissance de l'usine a aussi une grande influence sur les prix de premier établissement, le rendement et les frais de personnel, comme nous l'avons déjà vu, surtout si le service permet de ne pas trop la diviser; car il est bien certain qu'il faut éviter de marcher à faible charge, malgré les avantages que présentent les grosses unités dans les moments où elles marcheront à charge normale (triple expansion, turbine à vapeur, diminution du personnel par cheval, meilleur

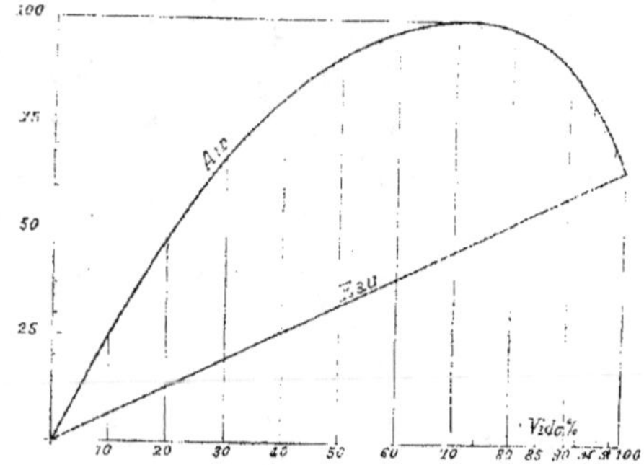

Fig. 41. — Travail (pompe à air) pour différents vides. Condensation dans les turbines.

rendement, entretien moins coûteux par cheval, prix d'achat moindre par cheval).

A ce sujet, il faut remarquer que l'éclairage public correspond à une meilleure utilisation que l'éclairage privé, les charges d'intérêt et d'amortissement par kilowatt-heure utile sont souvent pour la même usine plus du double que celles correspondantes à l'éclairage privé, il en résulte que pour l'éclairage privé, il y aura lieu d'avoir des machines plus économiques de construction, mais plus coûteuses d'exploitation que pour l'éclairage public.

Quoi qu'il en soit, on voit combien le prix de revient total du kilowatt-heure utile est variable ; d'une façon générale on peut admettre comme prix possible du kilowatt-heure utile :

12 centimes à l'usine ;

10 centimes de rendement ;

 4 centimes de frais généraux ;

28 centimes rendus chez l'abonné ;

11 centimes d'amortissement ;

39 centimes.

Avec les grosses centrales ces prix sont de beaucoup inférieurs ; avec chute d'eau le prix de revient total peut tomber à 10 centimes et même moins.

Prix de vente. — En Allemagne, le prix base du courant varie pour la lumière entre 50 et 70 centimes par kilowatt-heure, pour la force motrice ce prix varie entre 50 et 20 centimes.

Prix moyen de revient	17,14
Recette moyenne par kilowatt-henre pour lumière	50,23
Location de compteurs, comprise pour force	22,29
— — pour traction	16,04
Recette moyenne	35,36

D'une façon générale, les recettes sont les suivantes :

- Abonnements au compteur
- Location de compteurs
- Fournitures
- Vérification des compteurs

À l'usine hydro-électrique de Champ, le cheval-an est vendu 125 francs pour une utilisation de 12 heures par jour, 150 pour 24 heures par jour pour un transport de 50 kilomètres et une double transformation.

Bénéfice d'exploitation. — Prenons comme exemple l'usine hydro-électrique de Champ, dont nous avons déjà eu à parler, la recette prévue est de 600 000 francs par an pour un capital de 5 millions qui doit être amorti en 30 ans, l'usine devant revenir au syndicat des abonnés au bout de ce temps.

Cette somme provient des 4176 chevaux disponibles chez l'abonné et vendus aux conditions ci-dessus, elle permettra de donner aux capitaux engagés 8 % en dehors de l'amortissement.

Il faut remarquer que dans beaucoup de cas les villes touchent une participation aux bénéfices, une fois le capital amorti et suffisamment rémunéré ; dans d'autres cas les villes touchent 5 % sur les recettes.

A Berlin, du 1er Juin 1906 au 1er Juin 1907, pour une vente de 143 millions de kilowatts-heure à un prix moyen de 19,6 centimes, il a été distribué une redevance de 6 millions à la ville et un dividende de 10 à 11 % aux actionnaires ; on paie donc 3,75 centimes par kilowatt-heure à la ville.

Dans d'autres villes allemandes, l'excédent brut des recettes sur les dépenses en pour cent du capital a donné en 1905 les résultats consignés par le tableau ci-dessous :

Puissance des stations en kilowatts	Maximum %	Minimum %
50 à 100	8,55	1,82
100 à 250	14,82	1,60
250 à 500	13,04	4,15
500 à 1 000 ·	13,60	3,14
1 000 à 2 000	14,84	5,02
2 000 à 5 000	19,36	5,65
Plus de 5 000	14,83	5,41

Il est intéressant de remarquer que pour un capital de 1er établissement correspondant à 283 stations allemandes de 155 millions, il a été vendu 139 millions de kilowatts-heure en 1905 ; le bénéfice brut, amortissement et intérêt déduits, a été de 7 millions de francs, soit 5,3 centimes par kilowatt-heure.

Sur une moyenne de 83 usines allemandes, 22 seulement ont donné de mauvais résultats inférieurs à 10 % en raison du capital de premier établissement trop élevé.

Courbes d'exploitation. — Ces courbes, dressées par le service de la statistique, sont des relevés graphiques des différents facteurs intéressant l'exploitation en fonction de temps, soit heures d'une même journée, soit jours d'une même année, soit années d'une période déterminée ; on peut en dresser une infinité, citons celles les plus employées.

1° Courbe de débit aux différentes heures de la journée en fonction des heures.

2° Courbe de décharge des accumulateurs.

3° Courbe de la dépense de combustible par jour, en fonction des différents jours de l'année, courbe de cette dépense par kilowatt-heure.

On peut faire également des courbes analogues pour la dépense d'eau, d'huile, pour les dépenses totales d'exploitation, etc.

4° Courbes d'énergie débitée chaque jour en fonction des jours.

5° Maxima journaliers de la puissance en fonction des jours de l'année.

6° Courbe d'utilisation exprimant le rapport des puissances au maximum de l'année, en fonction de fractions de l'année.

7° Courbe des recettes totales ou encore par kilowatt installé ou par kilowatt-heure consommé, en fonction des années.

8° Courbe de bénéfice, etc.

9° Courbe de capital restant à amortir en fonction des années ou l'in-

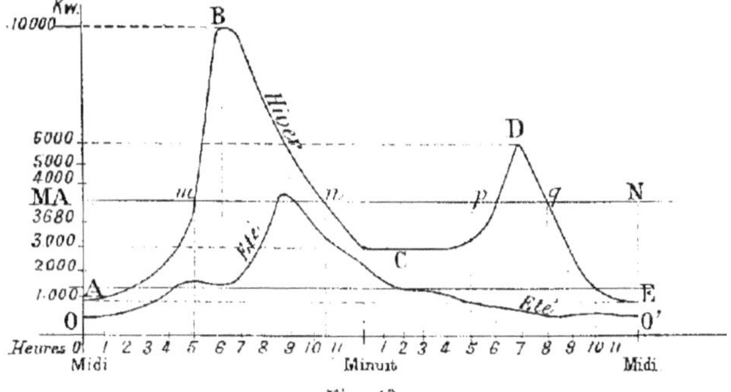

Fig. 42.

verse, courbe de capital amorti. Nous donnons ici quelques-unes de ces courbes.

La courbe (fig. 42), relative à l'éclairage, indique le débit en fonction des heures d'une même journée d'hiver, elle donne le débit moyen en kilowatts en divisant l'aire de la surface comprise entre la courbe et les ordonnées extrêmes par 24 heures.

Cette courbe nous permettra de voir jusqu'à quel point on peut diviser la puissance. Supposons d'abord que l'on marche en courant alternatif.

Examinons le chiffre des dépenses de combustible brûlé inutilement si l'on marche toute la journée avec un groupe de 10 000 kilowatts.

Nous voyons d'après les courbes de rendement (turbine et alternateur par exemple) et d'après la courbe de débit, que pendant environ 10 heures on marchera environ avec une perte de 20 °/₀ sur la marche normale pour une production d'environ 20 000 kilowatts-heure ; il y aura une dépense combustible inutile d'environ $4000 \times 0.05 = 200$ francs par jour, ce qui à 10 °/₀ (intérêt et amortissement compris) représente un capital de 600 000 francs. On conçoit d'après ce chiffre que les avantages qui résultent de l'emploi d'une seule machine (prix d'achat, salaire ouvrier, etc.) comptent peu devant ce chiffre. D'ailleurs si sur la même figure nous examinons la courbe de débit d'une journée d'été, nous voyons que le rendement sera encore plus mauvais.

Si on faisait les calculs exacts (voir à ce sujet les fascicules sur la construction) on verrait par exemple qu'il serait préférable d'employer 2 machines de 3 000 kilowatts et une machine de 4 000 (réserve non comprise).

En été la machine de 4 000 marcherait seule, en hiver on mettrait suivant les besoins du service, une machine d'abord, puis deux, puis trois.

Dans le cas où l'énergie serait fournie par du courant continu, il y aurait lieu d'employer une batterie d'accumulateurs avec un seul groupe générateur d'environ 4 000 kilowatts (voir à ce sujet le fascicule sur les accumulateurs et construction).

Notre but est seulement de montrer l'utilité des courbes d'exploitation.

Le rôle de l'exploitation consiste à suivre, pour la mise en marche des machines, les instructions résultant de l'étude faite par le service de 1ᵉʳ établissement, sauf pour les cas non prévus.

Le relevé des courbes de débit et des courbes d'exploitation en général peut donc servir pour modifications.

Nous donnons encore (fig. 43), une courbe des maxima de la puissance débitée en fonction des jours d'une même année, ainsi que la courbe de l'énergie débitée chaque jour pendant un an : (fig. 44) on voit d'après les 2 courbes que les minima correspondent à juin et juillet et les maxima à décembre.

Nous donnons (fig. 43) une courbe d'exploitation relative au degré d'utilisation du matériel; elle a été obtenue en divisant l'année en 100 parties et en prenant pendant chacun de ces centièmes la puissance moyenne.

Ces centièmes de temps, étant pris comme abscisses, on a porté

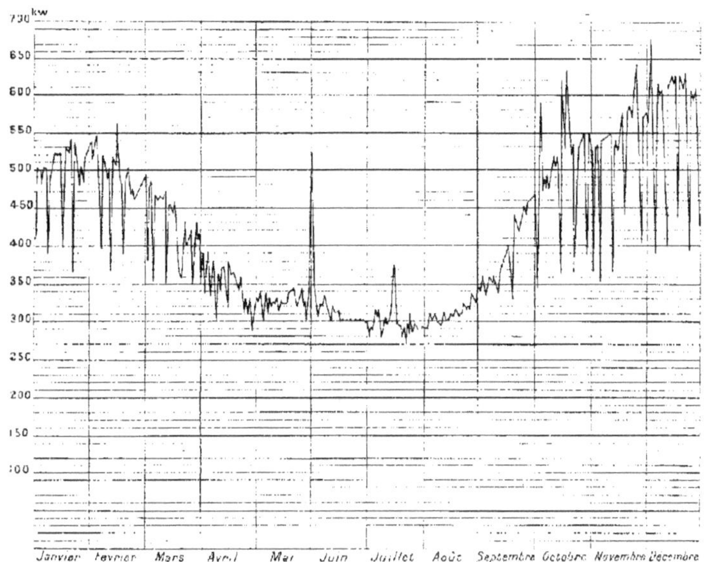

Fig. 43. — Maxima journalier de puissance débitée dans les mêmes usines.

comme ordonnées correspondantes les valeurs des puissances moyennes suivant leurs valeurs décroissantes, de telle sorte que la surface comprise entre la courbe et les ordonnées 0 et 10 $-\int_0^{100} eidt$ ou le nombre de kilowatts-heure débités pendant l'année, tandis que le rectangle ayant pour hauteur la puissance maxima et pour abscisse la valeur de l'année, représente l'énergie que l'usine aurait débitée si elle avait travaillé toute l'année avec la puissance maximum constatée.

C'est le rapport de ces 2 surfaces qu'on considère comme degré d'utilisation du matériel.

D'ailleurs, on appelle durée d'utilisation moyenne, le quotient du nombre de kilowatts-heure produit en une année par la puissance totale installée à l'usine en kilowatts.

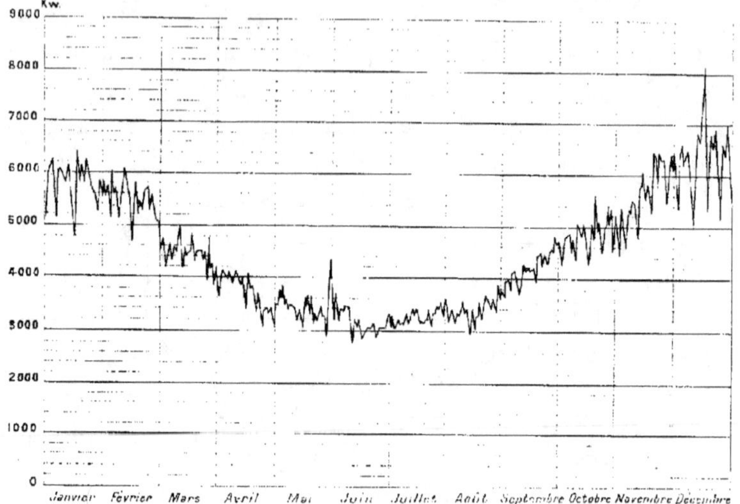

Fig. 44. — Energie débitée chaque jour (Usine de Paris).

Il faut d'ailleurs remarquer que la puissance maximum pendant l'année devrait correspondre à la puissance installée.

On appelle coefficient d'utilisation, le rapport de cette durée moyenne au nombre des heures de l'année.

On conçoit d'ailleurs combien ces coefficients ont d'influence, car pour une même puissance totale installée, la division des machines varie en sens inverse de ces coefficients, si l'on veut éviter un trop mauvais rendement ; il en résulte un désavantage dans le prix d'achat du matériel et dans l'utilisation du personnel ainsi que dans l'entretien.

D'ailleurs, le maximum de rendement qu'on peut obtenir avec un même coefficient d'utilisation, est d'autant faible que ce coefficient est faible.

En outre, dans le prix de revient du kilowatt-heure, la charge du capital se fait beaucoup sentir dans ce cas.

Nous croyons inutile d'insister sur les autres courbes d'exploitation, on voit facilement en quoi elles consistent.

Au sujet de ce que nous venons de dire sur le coefficient d'utilisation,

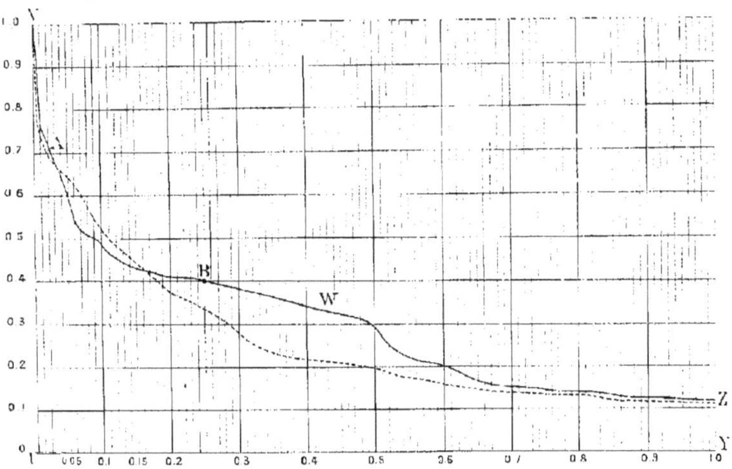

Fig. 45. — Courbe relative au degré d'utilisation du matériel.

nous faisons remarquer que ce coefficient est égal au facteur de charge dont nous avons parlé plus loin.

Tarification. — On doit rechercher dans l'établissement du tarif la plus grande simplicité possible ; pour diminuer le travail du personnel chargé de la rédaction des polices et quittances et aussi pour qu'il soit bien clair pour le public ; on doit rechercher aussi la plus grande équité possible pour les 2 parties.

Il y a donc lieu d'envisager avant tout le prix de revient et le service rendu à l'abonné (voir à ce sujet service extérieur d'exploitation).

Il faut remarquer que le prix de revient provient :

1° *de frais constants* qui sont les frais relatifs à l'établissement des quittances à l'encaissement, au relevé du compteur et frais généraux ;

2° frais de consommation variables pour un même client :

3° frais fixes pour un même client, mais variables pour différents clients, ils sont proportionnels à la puissance installée chez le client et représentent la location de la partie du matériel (usine et ligne), dont a besoin l'abonné.

Il faut remarquer que la tarification qui tient compte de ces frais fixes est très équitable mais qu'elle entraîne des vérifications fréquentes de la puissance installée chez l'abonné et excite souvent ce dernier à diminuer la puissance de son installation.

Aussi préfère-t-on dans beaucoup de cas établir un prix fondamental du kilowatt heure avec ou sans rabais.

Le rabais augmente suivant la consommation et la durée, d'utilisation, ainsi que suivant les heures de consommation, c'est ainsi qu'à Berlin les usines ont demandé à la municipalité d'abaisser le prix du kilowatt-heure à 20 centimes entre 10 heures du soir et 7 du matin. En France la loi de 1906 régit les rabais; c'est ainsi que tout abonné doit bénéficier de la même réduction sur tarif maximum que tout abonné placé dans les mêmes conditions de puissance installée.

En dehors des tarif déjà cités il existe des tarifs avec l'emploi d'appareil à maxima ou basculateur qui empêche de dépasser la consommation maximum à laquelle l'abonné a droit pour un prix déterminé. (Voir service extérieur des exploitations).

CHAPITRE III

· Essai de charbon

Il faut régler la vitesse des grilles ou le nombre des chargements, pendant l'unité de temps, de façon à se maintenir en pression sans que les soupapes crachent.

Il est intéressant de remarquer que l'ont peut produire la même vaporisation par chaudière et pour un même combustible en remplissant les conditions ci-dessus.

Les formules

$$m.p.s = sf'(t) = ps(1 - A)\,t$$

et

$$P = sf(t) + S\varphi(t)$$

dans lesquelles les lettres ont les significations suffisantes

m, qualité de calories dans un kilogramme de combustible ;

p, poids de combustible par mètre carré de grille ;

s, surface utile de grille ;

t, température du foyer ;

A, quantité d'air nécessaire par kilogramme de combustible ;

S, surface de chauffe ;

P, puissance ;

nous permettent de représenter p en fonction de A, sachant d'ailleurs que m est lié à A par une relation représentée par la courbe (fig. 16) : la seconde courbe représente les variations de p en fonction de A, pour une valeur déterminée de t, qui correspond d'ailleurs une valeur déterminé de la puissance P pour une même chaudière. La courbe nous montre d'ailleurs qu'il existe une infinité de valeurs de p ou de conduites des feux avec un minimum de p correspondant à une certaine introduction d'air, cette introduction d'air correspond à 14 % d'acide carbonique dans les gaz recueillis à la sortie.

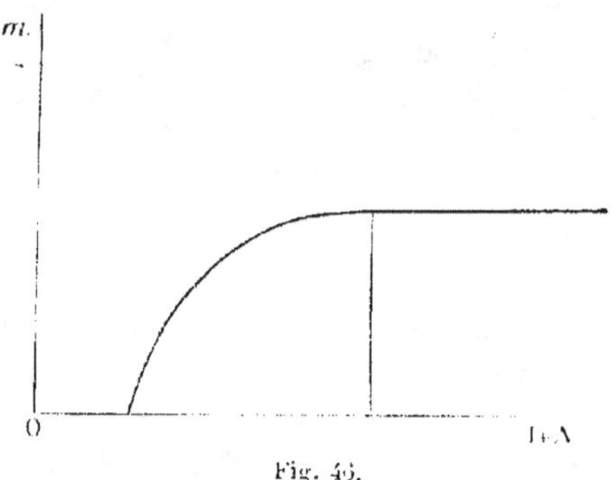

Fig. 46.

Le minimum de p est atteint pour une valeur de $1 + A$ inférieure à celle qui correspond au maximum de m de la figure ci-dessus.

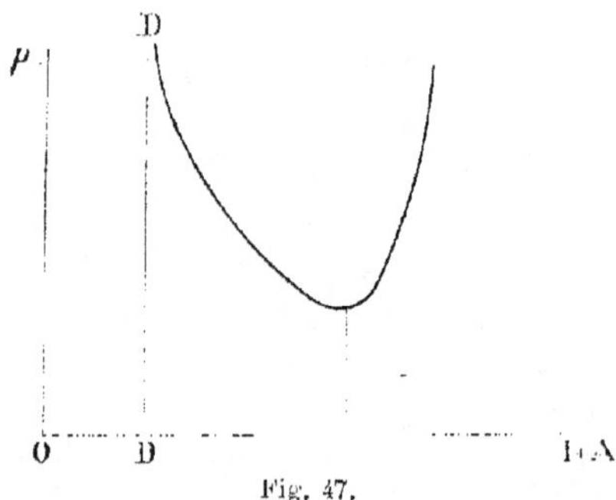

Fig. 47.

Si maintenant nous appelons t_2 la température des gaz à la sortie de la cheminée, nous avons $ps(1 + A) t = S\varphi(t) + ps(1 + A) t_2$, d'où nous tirons

$$t_2 = t - \frac{S\varphi(t)}{ps(1 + A)}$$

ou

$$ps\,(1 + A) = F(t_2)$$

$F(t_2)$ est une fonction croissante de t_2.

Les courbes $ps\,(1 + A) - F(t_2)$ sont représentées par les courbes 1, 2, 3, etc. On voit par exemple que pour une valeur donnée de t_2, qui correspond par exemple à la courbe 3, il y aura 2 valeurs de p égales à P'N' et PN.

En résumé on voit par ces courbes que pour une même qualité de charbon, c'est-à-dire pour une même valeur de m, ainsi que pour une même

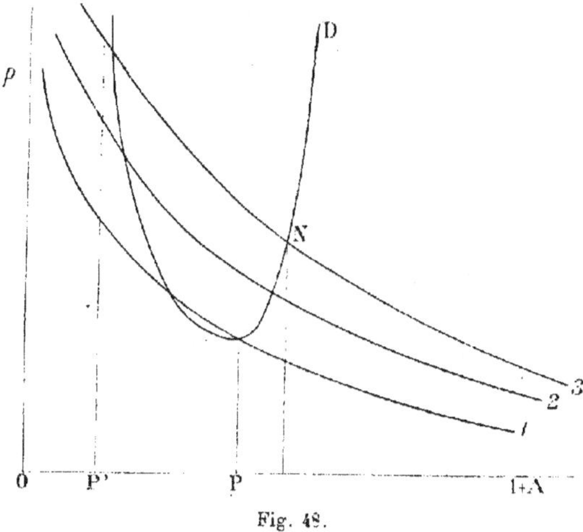

Fig. 48.

valeur de s ou surface de grille utile (surface où le charbon brûle) on peut obtenir la même puissance avec des conduites différentes de feu.

Ces courbes montrent également que si m est petit, la courbe de consommation donne des valeurs plus grandes de p que celles du cas précédent pour une même valeur de $1 + A$; il en sera de même si s est petit, c'est-à-dire si les grilles sont bouchées.

En résumé, dans l'essai il y aura lieu de choisir le charbon qui donnera la consommation la plus petite correspondant à une proportion de 14 % environ d'acide carbonique dans les gaz de la sortie, ou plutôt à une valeur un peu inférieure au maximum de la proportion de CO_2, on pourra d'ailleurs se servir du compteur à eau pour avoir la valeur de CO_2 qui correspond au meilleur rendement.

Conduite des feux. — Une fois le charbon choisi, le chauffeur doit conduire ses feux de façon à avoir la proportion d'acide carbonique des essais ; si cette proportion est trop petite, il y a lieu de diminuer le tirage ou de l'augmenter suivant qu'on se trouve à droite ou à gauche de la courbe D, en général il y a lieu de le diminuer car on se trouve plutôt à droite de la courbe dans beaucoup de cas.

Si on a du mal à tenir la pression malgré un grand tirage, c'est que la charge est trop haute.

Si on ne tient pas la pression avec une faible température des gaz à la sortie, c'est que la grille est bouchée.

Le tirage doit être de 3 ou 4 millimètres sur la grille et proportionnellement plus élevé aux carneaux et cheminées.

Les chauffeurs pèchent en général par l'excès d'air, cet excès nuisible peut varier du simple au triple avec les chauffeurs, aussi y a-t-il des différences de 15 et même 40 % d'un chauffeur à l'autre, d'où la nécessité d'établir une prime d'économie pour les chauffeurs, surtout dans le cas des grilles non mécaniques.

Un bon chauffeur, d'après certains industriels, donnerait de meilleurs résultats qu'une bonne grille mécanique.

Dans le cas des grilles non mécaniques le nettoyage des feux consiste à faire passer tout le combustible de gauche par exemple sur la partie droite de la grille, puis à nettoyer cette partie gauche, remettre le combustible sur la partie gauche ainsi nettoyée avec du charbon frais, puis nettoyer la partie droite et remettre du charbon frais sur cette partie, puis allumer le combustible frais par le tirage.

TABLE DES MATIÈRES

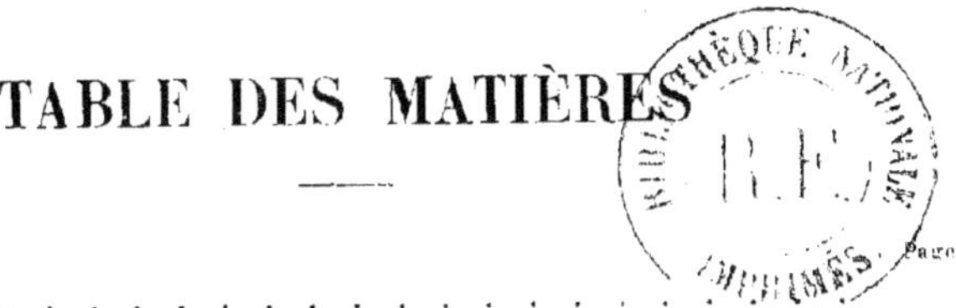

110 [illegible]

TRAITÉ PRATIQUE

DE

TRACTION ÉLECTRIQUE

Par MM.

L. BARBILLION
Ingénieur-Électricien
Docteur ès sciences, Maître de Conférences
à l'Institut Electro-Technique
de l'Université de Grenoble

G. J. GRIFFISCH
Ingénieur Civil
Professeur de Mécanique
Chef des Etudes de la Traction Mécanique
à la Cⁱᵉ Gᵃˡᵉ des Omnibus de Paris

EXTRAIT DE LA TABLE DES MATIÈRES

PREMIER VOLUME

CHAPITRE PREMIER. — *Voie ferrée*. — Première Partie : Construction et matériel. — Deuxième Partie : Appareils de voies. — Troisième Partie : Dépense d'établissement des voies. — CHAPITRE II. — *Production de l'énergie*. — Première Partie : Utilisation des sources d'énergie. — Stations centrales. — Deuxième Partie : Matériel mécanique des usines centrales. Générateurs de vapeur. — Machines à vapeur. — Appareils de condensation. Moteurs à gaz et gazogènes. Moteurs hydrauliques. — Troisième Partie : Matériel électrique des usines centrales. Dynamos génératrices. Tableaux de distribution. Batteries stationnaires — Quatrième Partie : Calcul d'une station de force motrice pour un service de traction. — Cinquième Partie : Coûts d'établissement et d'exploitation des stations centrales. — Sixième Partie : Monographie de quelques usines de traction. Appendice. Projet d'exécution d'une usine centrale de traction — CHAPITRE III. — *Transmission de l'énergie*. — Première Partie : Considérations générales et principes fondamentaux. — Deuxième Partie : Distribution de l'énergie par courants continus. — Troisième Partie : Distributions par contacts superficiels et trolley souterrain. — Quatrième Partie : Traction par accumulateurs. — Appendice : Comparaison économique des divers modes de traction. — CHAPITRE IV — *Distribution du courant aux moteurs*. — Classification des systèmes d'alimentation. — Systèmes à alimentation indirecte. — Première Partie : Alimentation continue aérienne. — Deuxième Partie : Voie électrique. — Courant de retour Appendice : Projet-type de services suburbain et interurbain. — CHAPITRE V. — *Moteurs de traction et équipements électriques* — Première Partie : Etude théorique du moteur à courant continu. — Deuxième Partie : Moteurs de traction à courant continu. — Troisième Partie : Types divers de moteurs. — Quatrième Partie : Régulateurs et équipements à courant continu. — Cinquième Partie : Moteurs de traction à courants alternatifs. — Sixième Partie : Régulateurs de traction à courants alternatifs.

DEUXIÈME VOLUME

CHAPITRE VI. — *Matériel roulant*. — Première Partie : Voitures automotrices et tracteurs. — Deuxième Partie : Matériel roulant accessoire. — Troisième Partie : Freins. — Quatrième Partie : Accessoire du matériel roulant. — CHAPITRE VII. — *Tramways électriques*. — Première Partie : Généralités. — Tramways urbains. — Deuxième Partie : Tramways interurbains et de pénétration. — Troisième Partie : Distribution de l'énergie par courants alternatifs. — Lignes aériennes — Lignes souterraines. — Quatrième Partie : Projets-types de transmission de puissance — CHAPITRE VIII. — *Chemins de fer électriques*. — Considérations générales. — Première Partie : Métropolitains. — Deuxième Partie : Chemins de fer interurbains à grande vitesse. — Troisième Partie : Trains rapides à traction électrique. — CHAPITRE IX — *Services spéciaux de traction électrique*. — Première Partie : Trottoirs roulants et chemins de fer suspendus. — Deuxième Partie : Chemins de fer de mines et industriels. — Troisième Partie : Traction sur fortes rampes. — Quatrième Partie : Traction sur les canaux. — Cinquième Partie : Automobiles électriques. — CHAPITRE X. — *Législation*. — Lois, décrets et arrêtés concernant les chemins d'intérêt local et les tramways. Lois et règlements sur l'établissement des canalisations électriques

L'ensemble de cet important ouvrage comprend deux volumes
grand in-8 de 1500 pages
avec plus de 900 figures intercalées dans le texte

———

Prix de l'ouvrage complet : 40 fr.

4ᵉ Édition

TRAITÉ
THÉORIQUE ET PRATIQUE
DES
MOTEURS A GAZ ET A PÉTROLE

Par M. Aimé WITZ

Ingénieur des Arts et Manufactures, Docteur ès Sciences
Professeur à la Faculté Libre des Sciences de Lille, Lauréat de l'Institut (Prix Montyon de Mécanique)
et de la Société des Ingénieurs Civils de France (Prix Schneider)

Ce Traité est la quatrième édition de l'ouvrage bien connu sous le même titre; l'auteur a refondu les trois volumes parus en 1891, en 1895 et 1899 en deux forts volumes, grand in-8°, de plus de 500 pages chacun. Ce sera le traité le plus complet publié sur la question si actuelle des moteurs à gaz.

Le Tome Iᵉʳ est consacré à l'étude générique et expérimentale des moteurs; le Tome II renferme la monographie des principales machines qui ont été construites avec une discussion de leurs qualités et la description détaillée de leurs organes.

Le premier volume intéressera au même degré les théoriciens et les praticiens. Après avoir raconté l'histoire des moteurs, jusqu'en 1903, et avoir établi la base de leur classification, M. Witz étudie longuement les combustibles dont on alimente les moteurs : gaz de ville, gaz à l'eau, gaz pauvres, gaz de hauts fourneaux, air carburé, acétylène, pétrole et alcool. Un livre entier est consacré aux *gazogènes*, à injecteur de vapeur, à ventilateur, à aspiration et à combustion renversée.

La théorie générique des moteurs, donnée par l'auteur en 1884 et adoptée généralement, a été revue et complétée avec le plus grand soin, de manière à répondre à toutes les critiques et à satisfaire les théoriciens les plus scrupuleux. Mais la théorie expérimentale, entendue comme le faisait Hirn, jette plus de lumière encore sur le sujet et se prête à des applications plus immédiates : on sait que c'est l'œuvre capitale de M. Witz.

Les essais des moteurs font l'objet d'une étude critique approfondie; elle est suivie d'un exposé des résultats les plus dignes d'attention obtenus sur les meilleurs moteurs.

Le Tome I se termine par l'exposé des méthodes permettant de calculer la puissance d'une machine construite et les dimensions d'une machine à construire suivant un programme déterminé.

Préparée de la sorte, l'étude individuelle des moteurs, qui est reportée au Tome second, devait être intéressante et fructueuse.

M. Witz y décrit et étudie cent douze moteurs à gaz et trente-neuf moteurs à pétrole; il discute leurs qualités respectives et met en lumière ce qu'ils présentent de neuf et d'original au point de vue théorique et pratique. Des vues d'ensemble, accompagnées de coupes nombreuses, permettent de se rendre compte de la disposition de leurs organes et des détails de leur construction.

Un chapitre spécial est consacré à l'étude comparative des principaux éléments des moteurs : ces rapprochements synthétiques sont l'occasion d'une nouvelle discussion critique des dispositifs adoptés par les meilleurs constructeurs, dans laquelle l'auteur a accumulé les renseignements techniques qui peuvent intéresser les inventeurs et les constructeurs.

Un autre chapitre a pour objet l'installation, la conduite et l'entretien des moteurs : c'est un exposé clair et méthodique de ce que doivent savoir les industriels, qui emploient les moteurs à gaz. La lecture de ce résumé leur épargnera bien des mécomptes, car ils y trouveront de précieuses indications.

Il fallait enfin faire connaître les nombreuses applications des moteurs dans la petite et la grande industrie, et établir sur ces chiffres indiscutables les avantages économiques et pratiques de leur emploi. Ici encore les documents abondent et ils plaident éloquemment la cause de ces remarquables machines, dont M. Witz avait entrevu les grandes destinées dès 1885, lors de la publication de la première édition de son livre.

L'ensemble de l'ouvrage comprend deux forts volumes grand in-8° jésus de 1136 pages, 575 figures intercalées dans le texte, et 6 phototypies hors texte.

Prix des deux volumes brochés. . . . . **30 fr.**

Supplément comprenant les derniers perfectionnements apportés aux Gazogènes et aux Moteurs à Gaz.

1 fort volume. — Prix broché. . . . . **17 fr. 50**

Encyclopédie Électrotechnique

PAR

Un Comité d'Ingénieurs Spécialistes

M. F. LOPPÉ

INGÉNIEUR DES ARTS ET MANUFACTURES

Secrétaire

TITRES DES FASCICULES

1. Électrostatique.
2. Courant électrique. — Résistance. — Loi de Ohm. — Théorie des ions.
3. Magnétisme et électromagnétisme 1re partie.
4. — — — 2e partie.
5. Induction. — Théorie des courants alternatifs et polyphasés.
6. Courbes de tension et de courant. — Oscillographe.
7. Historique. — Unités. — Système C. G. S. — Les erreurs.
8. Lois de l'électrolyse.
9. Piles électriques.
10. Wattmètres.
11. Dynamos à courant alternatif. — Théorie et enroulements.
12. Dynamos à c. a., calcul, construction.
13. Dynamos à c. c. — Théorie et enroulement.
14. Dynamos à courant continu. — Calcul et construction.
15. Transformateurs.
16. Transformation des courants. — Permutatrices. — Commutatrices, etc.
17. Accumulateurs électriques. 1re partie.
18. Accumulateurs électriques. 2e partie.
19. Emploi des accumulateurs.
20. Mesures électriques et appareils 1re partie.
21. — — — 2e partie.
22. — — — 3e partie.
23. Les isolants employés dans la pratique.
24. Câbles, construction.
25. Câbles, pose et essais.
26. Lignes aériennes.
27. Lignes aériennes.
28. Limiteurs de tension. — Parafoudres.
29. Appareillage d'interruption.
30. Lampes à incandescence.
31. Lampes à arc.
32. Moteurs à courant continu.
33. Moteurs à courant alternatif.
34. Distribution. — Transport de l'énergie.
35. Les machines électriques alternatives à collecteurs. — Commutations. — Moteurs à répulsion. — Moteurs compensés.
36. Construction d'une usine centrale à vapeur. — Choix des moteurs. — Etude comparative.
37. Construction d'une usine centrale hydraulique. — Turbines de divers systèmes.
38. Réglage mécanique et électrique. — Tableaux de distribution. — Compoundage des groupes électrogènes.
39. Réglage mécanique et électrique, etc. 2e partie.
40. Exploitation d'une usine centrale. — Courbes d'exploitation. — Dispositifs permettant l'utilisation intégrale de la puissance d'une chute d'eau. — Prix de revient de l'énergie.
41. Emploi particulier de l'électricité dans les mines et les laminoirs.
42. Appareillages. — Installations. — Règlement intérieur des Cies.
43. Essais des machines électriques. — Mesures mécaniques.
44. Electrochimie.
45. Fours électriques.
46. Emplois divers de l'électricité. — Signaux. — Téléphonie. — Télégraphie. — Rayons X.
47. Essai des machines à courant continu.
48. Essai des machines à courant alternatif.
49. Traction électrique terrestre et sur canaux à courant continu.
50. Traction électrique terrestre et sur canaux à courant alternatif.
51. Electricité médicale.
52. Télégraphie et téléphonie.
53. Précis de législation de l'électricité avec les textes des lois, décrets et arrêtés actuellement en vigueur.
54. Les Théories modernes de l'électricité.

Les Fascicules 1, 2, 3, 4, 5, 10, 19, 20, 21, 26, 35, 38, 39, 43, 44, 48, 51, 53 déjà parus.

Chaque fascicule sera indépendant et comprendra au moins 100 pages, format grand in-8° raisin, avec de nombreuses figures intercalées dans le texte.

Prix de chaque fascicule **2.50**

Prix de souscription à l'ouvrage complet : **115 francs.**

MODE DE PAIEMENT : **30 fr.** en souscrivant et **10 fr.** au fur et à mesure de l'apparition de **5** fascicules. — **10 %** de réduction pour le paiement comptant de la souscription complète.